O Cardeal

romance espírita

psicografado por
WALACE FERNANDO NEVES

O CARDEAL

Lachâtre

© *by* Walace Fernando Neves

Direitos de publicação cedidos pelo autor ao
Instituto Lachâtre
Caixa Postal 164
CEP 12914-970 – Bragança Paulista – SP
Tel./Fax (011) 4063-5354
E-mail: lachatre@lachatre.org.br
Site: www.lachatre.org.br

Capa:
César França de Oliveira

Revisão:
Kátia Leiroz Teixeira

1ª edição – 1ª reimpressão – Maio de 2014
Do 3.001º ao 9.000º exemplares

A reprodução parcial ou total desta obra, por qualquer meio,
somente será permitida com a autorização por escrito da Editora.
(Lei nº 9610 de 19.02.1998)

CIP-Brasil. Catalogação na fonte

Neves, Walace Fernando.
O cardeal. Walace Fernando Neves (pelo espírito Frei Andréas).
Bragança Paulista, SP : Instituto Lachâtre, 2014, 1ª Edição.
224 p.
1. Espiritismo. 2. Romance Espírita. 3. Inquisição espanhola. I.Título.

CDD 133.9	CDU 133.7
272	271

Impresso no Brasil
Presita en Brazilo

Sumário

Introdução,
1 – Insólitas Lembranças,
2 – Surpresas,
3 – Reminiscências,
4 – Um Novo Mundo,
5 – Reencontro,
6 – Despedida,
7 – No Tribunal,
8 – A descoberta,
9 – A Visita,
10 – Metamorfose,
11 – Uma Luz no meu Caminho,
12 – Ao Futuro,
13 – Conclusão,

Apresentação

Ele chegou certa noite e, durante longo tempo, em torno de um ano, se comunicou, semanalmente, através da psicofonia.

Embora orgulhoso, inteligente e culto, firme em suas convicções, principalmente no combate ao espiritismo, o Cardeal demonstrava certo ar de nobreza. Com algum desdém, de início, ao observar a simplicidade do ambiente e das pessoas, classificou tudo como medíocre, uma vez não se apresentarem ao nível da autoridade eclesial que ali se encontrava. Consequentemente, para ele, tudo aquilo significava uma perda de tempo e somente ali permanecia por ter sido convidado.

Mesmo assim foi recebido com a devida atenção, como são recebidos todos os visitantes da vida espiritual, mas, sob o império da intuição, a médium esclarecedora o atendeu com a dignidade que o protocolo da hierarquia e funções eclesiásticas exigia, contudo, sem pieguismo, subserviência ou bajulações.

À percepção mediúnica, ele se apresentava com anel e vestimentas impecáveis, características de sua posição, mas, por outro lado, sob aquela aparência se escondia ou se camuflava um traje envelhecido, roto e esfarrapado.

Ao se observar tratado com respeito e sinceridade, sem desdém ou tentativas de doutrinação, como acontecera em outros ambientes, segundo seu relato, aos poucos conquistou confiança, permanecendo, assim, mais à vontade e confortá-vel para o diálogo franco e aberto, mesmo para as questões dogmáticas e doutrinárias, o que lhe espicaçava a inteligência e seu condicionamento profundo à teologia católica apostóli-ca romana herdada dos tempos da inquisição espanhola.

Condenava, enfaticamente, os postulados espíritas e sua divulgação, com especial atenção às comunicações me-diúnicas e evocações, mesmo sabendo de sua posição de es-pírito desencarnado.

Certa feita, ao ser questionado quanto ao fato de se uti-lizar de um processo de comunicação, a mediúnica, numa instituição fundamentalmente anticatólica em seus postu-lados, a espírita, o Cardeal argumentou ser necessário, sem remorsos ou angústias, empregar a mesma "arma herética" para combater o fogo com o fogo.

Com atenção e habilidade, a companheira Elza, na con-dição de médium esclarecedora, percebeu no Cardeal um coração sobrecarregado de dores, angústias seculares e pro-funda tristeza camufladas pela força combativa na exposi-ção de seus argumentos filosófico-religiosos. Pouco a pouco os diálogos foram-se conduzindo dos aspectos puramente

O Cardeal

teológicos e doutrinários para os temas cotidianos da vida, os meandros, tantas vezes insondáveis, da alma humana em seus profundos contrastes, cujas causas estão aparentemente distanciadas da bondade e da justiça de Deus: acertos e desacertos, desesperança e fé, miséria e altruísmo... Este era o fulcro, o ponto nevrálgico de seus interesses mais profundos; estava ávido por aconchego a fim de se aliviar das prisões representadas pelo peso do passado a ele atrelado no curso dos séculos. Isto o fazia retornar a cada semana.

Tudo nos leva a crer que o Cardeal foi, na década de 1950, um bispo católico da ordem OFM, nascido na Alemanha e radicado no sul do Brasil. Foi o que mais se empenhou, àquela época, em combater o que denominou "confusão religiosa", proveniente de sincretismos religiosos feitos por fiéis cristãos com outras correntes religiosas. Combateu, com vigor, a maçonaria, a umbanda, a quiromancia e, contundentemente, o espiritismo.

Vários meses haviam transcorrido quando os dirigentes espirituais concluíram ser o momento adequado para preparar uma surpresa para o Cardeal, um aprofundamento em suas estruturas espirituais. Os arquitetos e cenógrafos espirituais prepararam um ambiente que lhe coubesse a dignidade de que se investira: uma biblioteca sóbria, de mobiliário nobre, escuro, provavelmente do século 15, e janelas com vitrais e alguns ícones nas paredes, portas lavradas em baixo relevo... Ali ele foi recebido pelo frei Luiz, fundador do orfanato Cristo Rei, em Vitória, naquele momento transmudado em cardeal.

O espírito, sem se perceber 'incorporado' ao médium, dialogou com o outro 'cardeal', em pé de igualdade, cativado por sua simpatia. Pelas expressões do médium, em transe psicofônico, não foi difícil deduzir o conteúdo da conversa, além de parte da interlocução que lhe ficara na memória. A primeira reação do Cardeal foi a de estranheza por encontrar uma autoridade católica naquele ambiente não católico e sua relação com espíritas; depois, o significado da correspondente instituição espiritual da Casa terrena, suas dimensões, sua amplitude e seu raio de ação; a seguir, o conhecimento do *Evangelho* daquelas pessoas das quais desdenhara.

Em alguns 'departamentos' da vida espiritual, esclarecera o anfitrião, a palavra 'católico' tem uma dimensão bem mais universal do que o significado restrito a ela atribuído na vida terrena, da mesma forma que o ecumenismo é vivenciado como um fato natural, sem convenções. Considerou que a amplitude e ação da instituição espiritual são resultado do trabalho simples, mas cristão, efetivo e sincero desenvolvido ao longo de várias décadas pelos encarnados, junto à comunidade terrena, complexa, o que a fez granjear diversificados trabalhadores do bem, na vida espiritual. Quanto ao conhecimento evangélico, aquelas pessoas se apoiavam, com alegria e amor, nas luzes da *Boa Nova*, a fim de exercitarem seu crescimento espiritual na arte de fazer o bem, despretensiosamente.

Por fim, após um tempo em que o Cardeal pareceu refletir, o diálogo se encerrou com o convite formal para uma visita aos setores da instituição espiritual.

Na semana seguinte, ao se comunicar, relatou, com emoção contida, as surpresas que o aguardavam: enfermos espirituais sendo tratados com amor e respeito, tarefeiros de várias confissões religiosas unidos pelo espírito de fraternidade, locais específicos para a oração individual ou grupal, a ordem e a disciplina.

Sensibilizado, deixou escapar o seu permanente estado de espírito – uma oculta frustração e explícita revolta que enco-

O Cardeal

briam suas dores sufocadas, à força, oriundas do passado que desejava destruir, mas que, insistentemente, lhe afloravam à consciência, agora com mais intensidade, uma vez que reconhecera, ali mesmo, convivas de outras épocas.

Para um processo de catarse, os espíritos dos quais se fizera amigo sugeriram que relatasse suas memórias; assim, depois de alguns relatos, solicitou fazê-los pela escrita, ao término da reunião, a fim de não desvirtuar o objetivo da mesma e ocupar o tempo dedicado ao diálogo fraterno com outros enfermos da vida espiritual.

Finalmente, um fato sensibilizou, profundamente, a equipe da reunião mediúnica. O Cardeal agradecia a todos pelo carinho fraterno a ele dedicado, quando surgiu à sua frente um espírito de grande beleza a lhe trazer um ramo perfumado de flores silvestres, similares às que conhecera nos tempos vividos na velha Espanha. Tratava-se de Bernardete, um terno coração de seu profundo afeto, do qual se distanciara no curso dos séculos. Através de outro médium estabeleceu-se um diálogo em expressões de alegria, saudade, amor e esperanças num futuro promissor...

O médium

Introdução

Ai do coração humano que se deixa envolver pelas artimanhas de sua própria incúria! Frações, pequenos momentos de irreflexão ou de ausência de humildade somados e acumulados no tempo transformam-se em torrentes caudalosas de maiores irreflexões e, na consequente aluvião de problemas, quase que irreversíveis.

Ai daqueles que, mesmo na aparente inocência, se deixam levar pela incoerente postura de envolvimento com as cristalizações infelizes de suas próprias almas, iludidos quanto ao desconhecimento das leis do Criador, quando, na verdade, essas leis estão insculpidas nas dobras mais profundas da consciência!

O homem de alguma forma se coloca como filho de Deus, exige-Lhe a assistência e O reconhece como o sublime doador de todos os favores; contudo, abdica, em cada atitude, em cada palavra e, mais ainda, em cada pensamento, da condição de verdadeiro filho, por desconhecer deliberadamente, por conveniência, suas admoestações e orientações para uma vida melhor.

Com isso, minha história não é diferente de tantas outras. Meu relato, embora simples, objetiva, em tais circunstâncias, mostrar mais uma vez o caráter de desobediência do espírito recalcitrante das Leis Universais e, ao mesmo tempo, mostrar meu exercício, ainda frágil e pequeno, de busca da humildade, de estabelecer catarse, necessária e depuradora, com vistas aos profundos anseios de errar menos, considerando a necessidade imperiosa de acertar mais.

1. Insólitas Lembranças

Despertei lentamente como quem desperta de longo e profundo sono. Imenso torpor, que não sei por quanto tempo se prolongou, inundava todo o meu ser e aos poucos tomei consciência do que me rodeava. Quem era eu? O que fazia naquele lugar tão insólito? Essas interrogações martelavam-me a mente cansada e confusa.

Uma baça claridade quebrava um pouco a obscuridade do ambiente, fazendo-o permanecer na penumbra. Vez por outra, percebia vultos que fugidiamente se deslocavam de um lugar para outro, saindo das sombras para penetrarem em sombras ainda mais profundas.

Eu ali jogado ao chão duro revestido por largos e irregulares lajões de pedra escura, polidos pelo tempo, numa espécie de salão contornado por altas paredes ciclópicas, sem reboco, ou de reboco desgastado em alguns lugares. Antigos e enormes quadros de pintura envelhecida compostos por personagens que lembravam membros de antiga hierarquia fidalga, símbolos de heráldica, armas e brasões também envelhecidos e azinhavrados dependuravam-se tristonhos naquelas paredes rotas. Rotas também, e esfarrapadas, pendidas nas janelas o que restara de cortinas longas, que chegavam ao chão.

O silêncio era quebrado apenas pelo som do vento, que algumas vezes uivava melancólico lá fora, ou pelo bater de alguma bandeira de janela frouxa.

Julguei estar num anfiteatro de antigo castelo medieval, num ambiente triste, quase aterrador.

Em alguns momentos, de tempos em tempos, formas que lembravam aves noturnas ou morcegos voejavam do alto para baixo, em mergulho, para depois se deslocarem velozes, rente ao chão à minha frente, e pousarem encolhidas mais adiante.

Não podia compreender o que estava acontecendo. Tudo era estranho, muito estranho, e eu, caído ao chão, envolvido por andrajos que mal me cobriam a pele de aspecto mísero e doentio.

Terrível a agonia, terrível a dispneia, violentos tremores, intensa sudorese... Tentei gritar e gritei. Um grito rouco e entrecortado, repetido, de desespero e angústia imensos... Terrível silêncio, nada via; contudo, julguei ouvir:

– Eminência!... Eminência!... – uma voz conhecida, mas distante, quase apagada, parecia aproximar-se aos poucos.

A voz ficou mais forte e mais insistente, o que me dava algum conforto, mas, repentinamente, um turbilhão imenso me invadiu avassaladoramente, e as trevas pareceram mais escuras. Depois, a total perda de consciência, o nada num tempo sem limites, o silêncio!...

2. Surpresas

Sim, perguntei a mim mesmo, sem resposta, quem era eu naquelas condições. Embora não dominado pela amnésia, não conseguia me entender naquela situação vexatória e humilhante, nem em sonhos, considerando minha estirpe e graduação na sociedade. Só poderia estar vivendo um pesadelo inominável. Com o passar do tempo, contudo, como não despertava para as realidades da vigília, deduzi que não deveria acordar por estar vivendo outra realidade, estranhamente insólita.

Minha visão aos poucos se adaptou àquela penumbra e identifiquei outros seres na mesma situação que eu, porém, esquálidos, sujos, piores que os mais ínfimos mendigos.

Profunda revolta assomou ao meu espírito conturbado. Que trama aquela, urdida por inimigo, ter-me-ia sequestrado ao conforto e autoridade, dominado e me atirado àquele ambiente sórdido? Mais do que pesadelo.

Eu precisava de forças e deixei que a revolta me dominasse por inteiro para reagir e, naquela postura inusitada, arregimentei energias para bradar e bradei tão alto, quase um rugido, que vi assustarem-se os que ali se achavam. As aves estranhas voaram céleres para o alto e recantos mais escuros, amedrontadas.

Com as forças que me restavam, desejei procurar a saída daquele estranho castelo. Andei, ou melhor, arrastei-me por corredores intermináveis que desembocavam em tantos outros, também sombrios, formando intrincado labirinto. Algumas daquelas criaturas, semelhantes a mim, perdidas talvez como eu, seguiam-me as andanças, à distância, como um batalhão demente e silencioso.

Quanto tempo passou? Não sei dizer.

Por mais estranho que pareça, sentia-me aos poucos mais robustecido, quem sabe pela presença daquele séquito. Abri dezenas de portas e sondei o mesmo número de dependências velhas e vazias, sem ninguém. Todavia, numa delas, a surpresa.

A turba estranha permaneceu comprimida no largo corredor, em silêncio, um exército de estropiados e dementes, alguns deles denotando, no olhar, personalidades de raposas vividas, aproveitadoras e à espreita.

Empurrei a pesada porta lavrada em madeira de lei diante da qual me detivera, entrei devagar e permaneci só, naquele ambiente que me era familiar.

O fino pó depositado pelo tempo por sobre tudo compunha o cenário envolvido por velhas teias de aranhas; das paredes pendiam retratos em pinturas a óleo de personagens

O Cardeal

que identificavam sua relação com ordens eclesiásticas. Sobre a mesa maciça, alguns objetos que me pareciam conhecidos: sacrário, cálice dourado, navetas, estolas bordadas a ouro, embora corroídas e amarelecidas, um volume da *Bíblia Sagrada*, também velha e empoeirada...

Um catre mal recoberto por colcha púrpura e almofadas bordadas a ouro com símbolos eclesiásticos demonstravam falta de uso de longa data. Tudo me intrigava, mas, aos poucos, eu parecia recordar... recordar...

Naquela sala mal iluminada por dois candelabros dourados encimados por grossas velas bastante escorridas, algo me chamou a atenção, muita atenção: o anel de ouro engastado por avantajada pedra rubra, artisticamente cravejada por monograma em filigrana também de ouro.

Terrível angústia me assomou ao coração, que pulsou descompassadamente quando me deparei com duas miniaturas pintadas a óleo e dependuradas naquela parede velha do ambiente triste: um homem simpático e sua mulher, que, apesar de sua delicada beleza, causou-me forte impressão de asco e repúdio.

Detive-me por algum tempo diante dos retratos, miniaturas coloridas. Que dicotomia, atração e repulsão! Atração por aquelas figuras para saber quem eram e por que me atraíam; repulsão em virtude de sentimentos incontidos por não querer reconhecê-los. Afastei-me, mas vez por outra me descobria olhando de soslaio para tão insignificantes objetos.

Mas via-me atraído poderosamente para aquele anel de pedra vermelha. Parecia-me estar nele, não sei por que causas, a descoberta de algo que, no fundo, na intimidade do meu ser, eu não queria. Aproximei-me da mesa e o olhava, fascinado. Que mistérios envolviam minhaa relativa amnésia? Que mistérios envolviam aquela joia que se me afigurava simultaneamente bela e fatídica?

Com relutância, lentamente tomei-o em minhas mãos; o receio e o medo foram superados pela atração. Senti seu peso, densidade, relevo, observei o trabalho de bela cinzelagem. Que mãos habilidosas teriam elaborado aquela joia? Mas o que isso importava? Dessa forma eu tentava desviar meus pensamentos de seu significado mais profundo para mim.

Na palma da mão, apertei-o entre os dedos. Pensamentos confusos fervilhavam em minha mente; meu cérebro parecia pulsar. Larguei-o, repentinamente, pois vagas lembranças assomavam-me à consciência, perigosamente. Voltei-me para os outros objetos, que também, de certa forma, me atraíam por sua familiaridade. Eu me achava dominado, fascinado. Oh, mistérios insondáveis a me espicaçarem a necessidade de saber e a vontade de fugir! Quando dei por mim, estava novamente de posse do anel e, automaticamente, coloquei-o no meu dedo anular da mão esquerda e, à medida que ele avançava sobre o dedo num tempo que se configurava como uma eternidade, a mente foi-se abrindo, clara, e eu, recordando, recordando...

Por fim, quando ele chegou aos limites do espaço em que se achava confinado, o anular, tudo se clareou, repentinamente. Caiu o pano do grande teatro de minha vida. Recordei-me de quase tudo, embora fosse impossível acomodar a minha vida real àquela posição dantesca em que me achava. Eu era, ou fui um cardeal da igreja católica e me via naquela situação humilhante e odiosa para a minha posição.

Abri a porta do quarto, voltei para o corredor e, diante daquela turba de indigentes, fiz explodir toda a minha revolta e meu ódio. Gritei. Um grito, ou melhor, um urro de estertores que ecoou repetidamente pelas reentrâncias perdidas daquele lugar.

O Cardeal

Tentei, incontinente, arrancar do dedo aquele anel, sem consegui-lo.

Voltei ao quarto, cambaleante, e deixe-me cair, pesadamente, extenuado, na cadeira antiga.

Não pude sopitar a avalanche de pensamentos profundamente contraditórios. Chorei longamente de imenso rancor e impotência. Tentei rememorar meus inimigos para saber que tramas poderiam ter urdido para jogarem-me naquela prisão que, ao mesmo tempo, era de imensa liberdade, mas de total constrição. Eu era um prisioneiro livre.

Quem teria tanto poder para me arrebatar e me lançar naquela espécie de masmorra desconhecida, mais segura do que aquelas que eu conhecia e para as quais eu mandara tantos hereges, bruxos e feiticeiros? Eu, o festejado cardeal, poderoso e sem limites de poderes, por méritos pessoais, no cerne da igreja de Roma, abençoado por sua santidade, o papa, e respeitado até pelo rei e rainha de Espanha!

Onde estaria minha guarda pessoal? Como se rompera o círculo de segurança que me envolvia? Em minhas mãos estavam todos os nobres...

E aquela reprodução exata de meus domínios: minha sala e meus objetos de culto? Quem teria construído aquele ambiente? Quanto tempo teria decorrido até que eu tivesse despertado, pois estava tudo tão velho, empoeirado e com tantas teias de aranha? Que poção me haviam dado para que eu adormecesse por tanto tempo? Teriam sido os nobres de Aragão, fiéis ao rei, ou os nobres de Castela, fiéis à rainha? Sim, todos tinham motivos para desejarem minha derrota, mas faltava-lhes coragem para iniciativas como a que levara àquela situação.

Tantas perguntas e nenhuma resposta.

3. Reminiscências

Minha cabeça latejava intensamente, parecia crescer... e, desconexos, meus pensamentos fervilhavam, atordoavam-me e me deixavam perplexo, pois sempre fui tão lúcido, de raciocínio lógico, rápido e claro e, agora, atormentado. O suor escorria em bagas pelo meu rosto.

Deixei-me abandonar ao imenso cansaço que me dominava. Adormeci e pensei sonhar, naquela cadeira, com a cabeça pendente ao peito. Sonho... Sonho ou realidade?

Vi-me criança, pequenino ainda, a correr pelos campos verdes de minha terra; vi o céu azul, transparente; senti o frescor do vento em meu rosto a inundar-me do cheiro agreste da relva umedecida pelo orvalho matinal; no céu, as aves voejavam alegres... Que deliciosa sensação de liberdade, e o que sentia parecia ser felicidade.

Walace Fernando Neves

Caminhava por uma estradinha estreita, em meio ao relvado, que levava à vila dos camponeses que trabalhavam sob as ordens do meu feudo. Sozinho, deixava para trás a morada soberba, o castelo da família, à pequena distância daquele burgo do qual me aproximava, e, à minha passagem, os camponeses em seu labor saudavam-me com respeito, chamando-me senhor.

Pelo caminho, colhia frutos da estação, maçãs vermelhas, romãs saborosas.

Em breve, naquela manhã ensolarada, alcancei uma das casas para a qual me dirigia. Era pobre, simples, mas não isenta de aconchego.

Eu não mais vivia um sonho, não via mais aquele menino; eu era aquele menino vivenciando uma realidade concreta.

Alcancei a choupana e os habitantes me saudaram com cordialidade e simpatia. Uma senhora ainda nova gritou com certa satisfação para dentro da casa:

– Bernadete!... O senhor já chegou para brincar com você! Traga pão e uma caneca de suco. Ele não se incomoda de usar nossas coisas simples.

Não demorou muito e Bernadete, atendendo à solicitação de sua mãe, saiu do interior da casa trazendo um pedaço de pão quentinho, recém-saído de forno rústico próprio daquela região, e uma caneca de suco de frutas. Passou-os às minhas mãos, com visível alegria no brilho dos olhos. Sentamos num tronco caído ao chão, pelo aspecto, há anos jogado ali.

Uma alegria secreta havia em cada um de nós, e assim brincamos, correndo por entre as árvores do bosque, recolhendo flores, dando vazão às fantasias da idade. Inventamos bruxos, duendes, fadas, moradores de algumas árvores mais

O Cardeal

copadas e animais estranhos dos quais fingíamos ter medo, residentes nos ocos de paus. No céu, identificamos outros tantos animais desenhados em nuvens passageiras trazidas pelo vento.

Quase à hora do almoço, Bernadete dirigiu-se ao castelo comigo, com aquiescência de sua mãe. Ninguém se preocupava, pois fazíamos aquele trajeto diariamente. Meus pais até gostavam, por livrarem-se, por algum tempo, de minhas traquinagens e peraltices.

No castelo vinham, invariavelmente, as instruções de refinamento social, das quais Bernadete participava com interesse.

Sinto prazer no aprendizado dos hábitos e costumes dos nobres, e ela me acompanhava. Para mim tudo não era mais do que uma brincadeira prazerosa, os gestos elegantes, as danças, as reverências, o significado dos brasões e das armas da família, as músicas dos menestréis dedilhando seus alaúdes, os fatos e histórias heroicas dos cavalheiros. Tudo tão bonito e colorido...

Assim passei minha infância feliz, muito feliz. Veio a adolescência e, logo após, os indícios das primeiras dores e amarguras que me cercaram a vida. Adolescência de sonhos, os mais belos depois da primeira meninice. Como consequência, o prazer da companhia de minha amiga plebeia aumentou como num passe de mágica. Por seus dotes naturais de caráter, beleza, simpatia e educação, tornou-se dama de companhia de minha mãe, que, embora difícil e por vezes irascível, também se sentia encantada com Bernadete, de modo que sua permanência no castelo tornou-se mais duradoura.

Quando, ao entardecer, ela retornava ao próprio lar, eu me sentia tristonho e penalizado, e, à noite, admirando a abóbada estrelada, tentava lhe divisar a casa pela lâmpada de óleo que ela deixava acesa na direção de sua janela, como secretamente havíamos combinado. Eu ansiava que se esvaísse toda a beleza da noite, mesmo aquelas em que o plenilúnio adentrava com tranquilidade através das cortinas diáfanas, para que o sol, ao amanhecer, se transformasse na grande esperança de revê-la.

Sim, eu era muito feliz, porém, não sabia definir ou identificar o outro sentimento profundo que me dominava, origem de minhas alegrias. Sabia apenas que se assemelhava a uma noite plena de estrelas ou a um dia de intensa luz de primavera. Contudo, por uma secreta impressão que me fazia doer a alma, essa felicidade estava condenada a fenecer, eu o pressentia, como fenecem as folhas que avermelham e caem no fim do outono. Ah, se a primavera fosse eterna!

A adolescência nos trouxe maiores ocupações e compromissos. Meu pai, embora com pouca permanência no castelo, vivendo mais na corte, colocou-me nas mãos do mestre de armas para o aprendizado com a lança, a espada, a acha e a massa de guerra, e para aprender a envergar a armadura e a cota de malhas, o elmo e sentir o peso do escudo. A cavalariça me ofereceu os melhores cavalos para as artes da equitação. Argumentei com meu pai que, apesar das habilidades que me facilitavam o desempenho, em tudo, não via razões para o adestramento com instrumentos destinados à destruição do semelhante. Sentia-me bem melhor entre os livros, o aprendizado da língua pátria, o latim erudito e os instrumentos musicais, dentre eles o bandolim e a cornamusa. Todavia, apesar dos meus argumentos, ele definiu que eu seria o herdeiro e, como tal, deveria assumir o comando do efetivo da soldadesca e dos mercenários.

O Cardeal

A literatura e a filosofia me encantavam, a poesia tomava lugar de destaque em minha mente e em meu coração. Ah, a poesia!

Bernadete, delicada, gentil e inteligente, tornara-se uma bela moça sensível e boa. Aprendera também todos os requintes de uma vida na sociedade da época.

Nos meus curtos momentos de tempo disponível, não perdia a ocasião para estar com ela. Mesmo na nossa pós-adolescência, guardávamos a pureza e a singeleza dos tempos da infância. Corríamos alegres pelos bosques, andávamos a cavalo pelos prados e, de mãos dadas, vivíamos um sonho que nossas almas ainda não sabiam explicar. Nós nos bastávamos como éramos.

Quantos poemas tecíamos um para o outro, sem sabermos que o amor puro e singelo já iluminara de estrelas o céu de nossas almas!

Algo estranho, contudo, começou a acontecer, ou melhor, muitas coisas estranhas passaram a me sondar a alma, como se algo estivesse para acontecer. Ou já estava acontecendo e que, de algum modo, me tirava a paz. Uma angústia sutil, sem razões aparentes, me invadia abruptamente o coração. Nada de visível se prenunciava, mas estava acontecendo. Meu Deus! O que seria?

Meu pai, como todo senhor feudal, detinha poderes de vida e de morte, em seus domínios, sendo as mulheres e serviçais sempre submissos a esse poder; todavia, minha mãe o dominava. Ah, minha mãe!... Dominadora, impositiva, forte e vigorosa em suas ordens e atitudes. Eu percebia longas discussões entre ela e meu pai, em seu quarto. Ela ordenava e ele obedecia.

Tudo me causava estranhezas: os haveres sendo vendidos e, cada vez mais, a cavalariça diminuindo a quantidade de animais, terrenos e glebas não mais nos pertencendo e ninguém a comentar nada comigo.

Bernadete, aos poucos, parecia mais distante. Embora não eliminasse sua convivência comigo, conversava pouco e o quanto podia refugiava-se em seu aposento, no castelo. Quando juntos, minha mãe sempre encontrava um jeito de participar ou de nos interromper.

De uma hora para outra meu pai dispensou meus tutores e professores de música, impedindo-me o trato com o aprendizado, para colocar-me mais amiúde com o pároco da aldeia. Lá permanecia por semanas estudando o latim, história sagrada, ciência e filosofia. Gostava de sua companhia, pois, apesar de severo, era inteligente e culto, versado em matemática e poesia. Ao me sobrecarregar com lições, demorava a me liberar para breve descanso no castelo, o que eu ansiava, permanentemente, para estar lado a lado com aquela flor que me inebriava de alegria com o perfume de seu coração. Sentia-lhe a falta e a cada dia de ausência aumentavamme as saudades. Mal eu chegava e minha mãe me cumulava de afazeres ou conversas prolongadas sem nenhum interesse, por sua trivialidade, enquanto Bernadete buscava o seu lar e trancava-se em seu quarto, alegando cansaços ou dores de cabeça.

Eu estava aturdido com tudo, sentindo uma dor íntima sem explicações, quando aconteceu o inevitável. Meu pai, ao oferecer festas e mais festas, principalmente na corte, dilapidara os nossos bens, fazendo-nos abeirar da pobreza. Tudo não passava de falsa ostentação, mas a realidade rondava o castelo; porém, para mim o pior ainda não havia acontecido.

Uma vez mais voltei ao lar, àquilo que naquele momento eu poderia chamar de lar...

O Cardeal

Os serviçais me informaram que meu pai e minha mãe haviam saído para uma cavalgada. Dirigi-me, de imediato, à choupana da família de Bernadete. Saímos como antigamente, no período da infância descuidada e feliz, a caminhar pelo bosque ao encontro daqueles lugares secretos que tanto nos encantavam. Ela quase não falava, irradiando uma aura de tristeza.

– Bernadete – perguntei-lhe de chofre –, diga-me, por Deus, o que está acontecendo? Meu coração está opresso e dolorido. Há uma incógnita parada no ar, entre nós. O que se passa?

Ela me olhou com profundo carinho, como nunca o fizera antes, mas nada disse, apenas segurou-me as mãos e duas lágrimas rolaram da claridade de seus olhos. Chorei também, sem saber o porquê.

Olhei aquelas mãos pequenas e delicadas, osculei-as com sinceridade e, ao senti-las entre as minhas, descobri de imediato o que se passava no meu coração: era amor. Que emoção profunda pela descoberta! Eu estava surpreso. Olhei-a nos olhos como se a me confessar, porém, a pergunta inicial permanecia mais forte.

– Bernadete, o que está acontecendo, por que você permanece tão distante? Por que foge de mim quando mais sinto sua falta, sua ausência? Não posso mais ficar longe de seu coração.

Ela me olhou também nos olhos e me respondeu, quase num sussurro:

– Porque o amo!...

Atirei-me em seus braços, com emoção, contudo, não lhe sentia o corpo, porque maior que tudo era a nossa fusão de almas.

– Como por amor? – interroguei contristado. – Porque também a amo, profundamente.

– Olhe para nós, querido! Olhe para mim: não sou mais do que uma serviçal da nobreza. Veja a imensa distância que nos separa... É impossível!

– Não, Bernadete. Se o amor impera em nossas almas, nada poderá nos distanciar.

– Você não compreende... – reticenciou, e percebi que ela me ocultava alguma coisa que não podia esclarecer.

– Volte para o castelo. Devo ir para casa e, agora que sabemos do nosso amor, penso que você não mais me poderá ver.

– Vou imediatamente conversar com meus pais. Eles gostam de você e, apesar de tudo, tenho poderes de fidalgo e senhor.

– Em nome do nosso amor, não faça isso. Será o fim! – exclamou ela, com expressão preocupada, apertando-me ainda mais as mãos.

– Como o fim? O que você tenta esconder de mim?

– Não me pergunte! Apenas me abrace como se fosse a última vez e guardemos este momento único em nossas vidas. Vá! Agora, preciso voltar para casa.

Como foi difícil me separar daquele anjo de candura. A tristeza me dominava, integralmente, a ponto de não perceber o encanto do pôr do sol nem as nuvens esparsas, no horizonte, bordadas em ouro. Percebia apenas o perfume das flores silvestres que ladeavam o caminho de pedras.

No castelo, meus pais me aguardavam e me dirigi a eles com o respeito de sempre, contudo, com veemência e desespero, coragem e altivez, mas de coração muito magoado.

– Senhor meu pai, senhora minha mãe, a sua bênção!

– Deus o abençoe, meu filho!

O Cardeal

– Deus o abençoe, meu filho! – respondeu, também, a minha mãe, com calma, mesmo ante a minha forma intempestiva, no falar, ao interromper a conversa dos senhores, sem permissão.

– Quero conversar com vocês, com urgência, aqui mesmo no salão de recepções; é sobre nossas vidas, sobre minha vida – continuei, denotando nervosismo, mesmo sob o guante do respeito devido ao meu pai.

– Você chegou em boa hora, meu filho – falou minha mãe com sua forma de dominar completamente a conversação, cortando-me a palavra. – Queremos conversar com você, justamente, sobre nossas vidas, sua vida...

– Mas... – reticenciei na tentativa de retomar a palavra.

– Mas... – interrompeu-me ela, uma vez mais – decidimos que você é a salvação de nossa família. Já que não se afeiçoa aos tratos com as armas e aos dotes da cavalaria ou do comando, irá para as ordens eclesiásticas.

– Minha mãe, o que significa isto? – interroguei estupefato.

– Sim, nossos recursos financeiros darão apenas para alguns anos à frente. Na corte, seu pai é bem relacionado e a igreja anda de par em par com o poder político, por mútuos interesses. Os cargos, títulos nobiliárquicos e benefícios concedidos somente pela autoridade do rei são indicados por ela, uma vez que as autoridades governamentais necessitam desse apoio, supostamente divino, para se sustentarem sob a religiosidade do povo. Com isso a igreja se beneficia, aumentando seu poder diante dos potentados. Seu pai já se insinuou, na corte, divulgando sutilmente a intenção do filho de entrar para uma das ordens religiosas. Somente isso foi suficiente para os credores suspenderem seus assédios de cobrança e, à simples menção de sua amizade com o cardeal primaz, apadrinhando a sua intenção, a atenção e cortesia dos outros nobres passaram a ser diferentes. Sorrisos, cumprimentos, convites e até redução de dívidas.

– E os meus estudos com o pároco? – inquiri, de súbito.

– Você não sabe, meu filho, mas ele é a peça mais importante de tudo isso. Ele não é apenas um pároco de aldeia; é um enviado da santa Sé investido de autoridade para aliciamento das vocações sacerdotais. Conversamos com ele e seu nome já foi aceito e indicado.

– Mas eu não sabia disso nem me perguntaram nada!... – me espantei, com sinceridade. Ela prosseguiu, sem perder a calma:

– Não é preciso haver consultas. A indicação é uma prerrogativa e um direito dos pais, que, para a igreja, permanecerão na mais alta conta, uma vez que estarão renunciando e oferecendo a Deus seus próprios descendentes. Seu noviciado será breve, sem a necessidade de passar pelos trâmites eclesiásticos mais rigorosos, por causa de seu desempenho com o pároco, sua inteligência e por sua origem nobre.

– Mas não é justo! – exclamei de pronto.

– O que não é justo, meu filho? Deus não aceitaria de outra forma. Temos as regalias dadas por Ele na nossa condição de nobres. Então, podemos utilizá-las como nos foram dadas ou como nos aprouver.

Quase entrava em desespero, quando ainda tive forças para declarar:

– Mas há a Bernadete. Não quero ficar longe dela; pretendo me casar, constituir minha família, ter filhos...

– Oh, meu filho, ledo engano. Ela não é mais do que uma serviçal que pode ser dispensada a qualquer momento, como coisa imprestável.

O Cardeal

– Mas era tratada como se fosse filha devotada, minha mãe!

Então, minha mãe me surpreendeu mais uma vez, quando prosseguiu. Ela sempre surpreendia:

– Enquanto me servia. Ela continuará a ser serviçal, por toda a vida. É o destino, como também é o seu de ser nobre para todo o sempre. Você poderá ter quantas quiser, porque Deus nos colocou o poder nas mãos e isso basta.

– Mas eu a amo! – exclamei, em última tentativa.

– Os deveres para com a família prevalecem sobre os sentimentos e sobre as fantasias do coração.

Tentei nova argumentação, vencendo a inibição natural dos filhos diante da suprema autoridade paterna:

– E a nossa descendência, a continuidade da nossa linhagem?

– Isto não é de sua conta. Os seus irmãos cuidarão disso, no tempo devido! – esclareceu minha mãe, enfaticamente.

– Mas eu sou o primogênito – insisti, mais uma vez.

– Mesmo neste caso, meu filho – continuou desta vez meu pai, sem a mesma ênfase de minha mãe –, não seria com Bernadete, a moçoila plebeia, que daríamos continuidade à linhagem de nossa família.

– Você há de concluir – voltou a falar minha mãe – que, ao entrar para as ordens eclesiásticas, haverá a cessão da primogenitura para seu segundo irmão. Está decidido: você integrará a ordem dos dominicanos. São eles que, no momento, estão em evidência e com autoridade, tanto na igreja quanto na corte. Agora vai para os seus aposentos, deixa-nos a sós para completarmos nosso planejamento.

– Vai, medita sobre tudo e tranquilize-se. Tudo passa, até as paixões primeiras.

Ante a palavra final da autoridade materna, retirei-me para meus aposentos; permaneci mudo sem saber o que pensar, durante longo tempo, até que a primeira lágrima abriu o imenso dique de meu coração, rompendo-o de alto a baixo para que uma torrente caudalosa de tantas outras lágrimas desabassem quentes sobre minhas faces.

O luar que outrora me enlevava, derramando-se sobre a campina, agora parecia branca mortalha na extensão do relvado, à frente da minha janela.

Naquela noite, por mais que eu tentasse, não conseguia divisar a lanterna de óleo que sempre ficava acesa para me indicar o quarto de minha amada. Por fim, o cansaço me venceu e, nos momentos finais que antecederam ao meu tumultuado sono, percebi intensa movimentação no castelo, sons de vozes quase imperceptíveis vindas das casas dos camponeses, no silêncio da noite.

Pela manhã, despertei acabrunhado e triste. Mesmo sem o desjejum, caminhei pesadamente até a choupana da família de Bernadete. Não era tão cedo, mas só havia silêncio incomum, na casa fechada, ao contrário das demais residências campesinas. Nenhum animal ou carroça nos arredores, nem ferramentas agrícolas; a porta dos fundos escancarada, a casa estava vazia. Corri por todos os lados e ninguém, ninguém me soube informar o ocorrido. Voltei às pressas para o castelo, quase em desespero, e nenhum dos serviçais soube fornecer qualquer informação. Minha mãe, com tranquilidade, me respondeu à inquirição.

– Nada percebi, meu filho. Talvez tenham ido embora. Essa gente é tão ingrata que é capaz de fugir sem despedidas. Têm dívidas conosco e, se isso aconteceu, mandarei alguns de nossos mercenários ao seu encalço para trazê-los de volta, e agora mesmo! Não devem estar longe.

O Cardeal

– Por favor, minha mãe, veja se os encontra!

Embora com imensas preocupações e com desconfianças de alguma atitude materna, não consegui verificar qualquer tremor em suas faces e nos seus olhos, que me fitavam fixamente, a dominarem completamente qualquer disposição. Algo muito sério havia acontecido e que me escapava à compreensão. Sentia meu coração esmagado por enorme peso, principalmente quando me lembrei das palavras de Bernadete: "Abrace-me, querido, como se fosse o último abraço!..." Ela sabia.

Guardei para mim as minhas conjecturas, mas com extrema vontade de externá-las. Deveria haver o dedo poderoso de minha mãe naqueles acontecimentos. Era próprio dela. Contudo, minha dor se estendia para além da perda de Bernadete. Que terríveis conflitos: o domínio de minha mãe, minha submissão, meu dever filial de respeito, meu impulso, a revolta a raiva, a frustração...

Como amá-la e, ao mesmo tempo, culpá-la?!

Mesmo no meu desespero, fui levado a voltar ao vilarejo para completar os estudos com o meu tutor.

Mergulhei nas letras e nos livros para tentar esquecer o rancor que se aninhava em meu coração e o desprezo pela vida.

Aproveitava os momentos de folga para cavalgar pelas cercanias, pelas estradas que levavam a outros lugares e à capital. Ninguém me informava do paradeiro da família, nem da carroça de viagem com mudanças. Não sabiam ou não queriam me dizer, o que era mais provável, pelas reticências e pelas expressões dos rostos. Julguei que haviam sido instruídos para o silêncio sob alguma pena ou para algum prêmio.

Meu velho professor, meu amigo, sabia de alguma coisa; eu via nas entrelinhas de suas conversas e conselhos, instruindo-me quanto à necessidade de conformação, a importância do perdão e a necessidade de me dedicar com interesse à missão que me fora confiada.

Na estalagem, algumas moedas de ouro fizeram soltar, um pouco apenas, a consciência do estalajadeiro. À minha sutil indagação, ele respondeu:

— Eu soube que, pela madrugada, uma carroça não costumeira passou pela vila.

— Mas o senhor fica aberto a noite inteira e sua estalagem está na rua principal por onde passam todos os viandantes em trânsito – insisti com o homem.

— Eu às vezes cochilo e apenas ouço – respondeu-me com má vontade.

— O senhor ouviu o quê? – e deitei algumas moedas a mais para ele.

— Ouvi passar por aqui alguma coisa dessas que o senhor descreveu, ouvi até o barulho de rodas no calçamento de pedra. Soube até, por alguns beberrões, que tomaram ligeira refeição aqui na estalagem. Um casal, dois filhos, dois serviçais, um cachorro e uma moça muito bonita. E sob escolta!...

— E por onde seguiram viagem? Pelas estradas do sul ou para a capital?...

— Isso eu não sei dizer e, se for verdade, já devem estar muito longe. Por favor, não me pergunte mais nada, pois não quero suas moedas.

Voltei para meu alojamento pelas ruas desertas e silenciosas, sem perceber a chuva fina e fria que me ensopava, nem o vento cortante daquela noite tempestuosa. Também em silêncio estava meu coração.

O Cardeal

Cheguei enregelado; nem o vinho, nem o caldo quente carinhosamente fornecido pelo meu amigo, o abade, me aqueceu e, em breve, a febre alta assomou ao meu corpo .

Delirei, mas sem perder a lucidez, e repetia em voz alta os meus pensamentos: – Sob escolta!...– aquelas duas palavras permitiram que tudo se tornasse claro: a família foi forçada a desaparecer sob as ordens de minha mãe!...

4. Um Mundo Novo

Em minhas lembranças, na confusão mental em que me achava, julguei que adormecera profundamente, após o eficiente tratamento que o abade me aplicara, entregue às minhas reflexões em torno dos conflitos, do ódio e mais ódio e da revolta que assomaram ao meu espírito, em contraposição ao aprendizado em família, no passado, do amor e obediência à autoridade paterna. Sim, adormecera.

Pareceu-me ouvir sons à porta, a princípio baixos, mas firmes... Despertei repentinamente e me vi, novamente, em um aposento daquele velho castelo, sentado na cadeira e ainda com a cabeça pendida ao peito. Ergui-a com dificuldade e custou-me compreender que voltava a viver a situação anterior àquela estranha sonolência.

O anel no meu dedo, que arranquei de imediato, a escrivaninha, as miniaturas na parede que sabia agora serem os retratos pintados de meu pai e minha mãe, os objetos sacros... Voltei, portanto, à realidade anterior, também inusitada para minha compreensão. Saía de uma situação insólita para outra tão insólita quanto a primitiva.

Ouvi novamente as batidas à porta. Levantei-me com certa dificuldade por causa do imenso torpor que me dominava, coberto pelos andrajos, embora me identificasse a posição graduada nas hostes clericais. Abri a porta e me deparei com uma criatura, um homem que percebera estar acompanhando aquela turba de dementes afastada por meus gritos. Apesar dos seus cabelos desgrenhados, roupas velhas e esfarrapadas, somente ele permanecera demonstrando lucidez e determinação. Na semiobscuridade achei que o conhecia, mas quem seria ele? O que fazia ali? Percebi seu olhar lúcido e firme, mas de postura de total subserviência.

E aquele homem, ao me ver, olhos nos olhos, em silêncio, abaixou a cabeça e assim ficamos por alguns segundos... Por fim, irritado, perguntei:

– Quem é você? O que quer?... Há tempos que me espreita à distância... Entre de uma vez e diga o que pretende!...

Ele entrou e, inesperadamente, ajoelhou-se e tomou-me a mão para oscular. Interrompeu o gesto antes que o fizesse, olhando-me inquiridor, ora para minha mão, ora para mim, todavia, completou seu intento ao verificar o anel sobre a escrivaninha...

– Levante-se e... o que quer aqui? – perguntei novamente, com o mesmo tom grosseiro.

– Vossa eminência reverendíssima, sou eu, o seu ajudante de ordens, estou à sua disposição – respondeu ele, sempre cabisbaixo e titubeante, e eu, todavia, sem entender aquela nova situação, insisti:

O Cardeal

– Por que à minha disposição?

– Porque sempre foi o que eu fiz. Nunca soube fazer outra coisa e o aguardava para saber o que fazer, até que vossa eminência chegou...

Agora eu tinha certeza, eu era uma autoridade, mas tudo estava profundamente nebuloso.

– Mas o que está acontecendo? Explique-se! – ordenei com rispidez.

– Perdoa-me a ousadia, mas no momento sei que posso ajudá-lo. Todos chegam aqui como vossa eminência, contudo, as coisas vão ficando mais claras, aos poucos. Como disse, sou o seu fiel ajudante de ordens para tudo.

– E essa horda de dementes, lá fora?

– São todos seus comandados e sempre estiveram sob seu comando.

– Não, não é possível, não os conheço, nem eles nem você. Não chefio imbecis!...

– Realmente, vossa eminência nunca os conheceu, pois eram executores de suas ordens por meu intermédio. São fiéis, também. Na sua ausência assim permaneceram...

Quase em desespero, não sabia o que fazer ou o que pensar. Aquilo deveria ser um grande pesadelo, talvez por estar ainda aturdido.

Eu já esquecera completamente daquele mergulho no passado. Passado? Disse eu? E por quê?

Vivia também outra forma de incógnita. Aquele homem, meu ajudante de ordens, meu subordinado, me informou:

– Vivemos uma realidade que jamais poderíamos supor se materializasse. Pensei também que vivenciava um pesadelo horroroso. Aos poucos, descobri que não mais vivia na Terra. Meu corpo foi trucidado por nossos inimigos; ninguém o atingiria, eminência, sem primeiro me atingir, mas de algum modo conseguiram o intento. Depois de muito vagar por este mundo desconhecido e estranho, eu descobri que sobrevivera ao meu assassinato e continuava vivo, embora sem aquele corpo que era meu. Assim, todos nós, todos os seus comandados, um por um ou em grupo, fomos eliminados do mundo dos vivos. Para minha surpresa, descobri também que podia ver todos os considerados vivos sem ser visto por ninguém, nem pelos nossos velhos inimigos. Assim, iniciei a vingança contra os falsos e traidores, nossos e da santa madre igreja. Mas agora aguardamos ansiosos o seu comando para chefiar a ação, a vingança cruel e dura que todos eles merecem.

– Você deve estar louco. Jamais ouvi algo tão fantasioso. Pensa que sou louco para cair num conto dessa ordem?

– Desculpe-me, eminência, mas se preferir eu paro com este assunto. Não há pressa. Temos todo o tempo do mundo.

Durante longo tempo ouvi o meu pretenso 'braço direito' ou ajudante de ordens. E, à medida que ele falava, com a segurança advinda da liberdade que eu lhe concedia, fui verificando o meu poder e minha força, o meu senso de autoridade e de domínio. A ação indutiva de sua narrativa abriu-me, pouco a pouco, a consciência adormecida.

Recordei-me, então, do pesadelo que tivera: eram lembranças de minha juventude e tudo começou a fazer sentido para mim. Logo após tomar conhecimento da tragédia provocada por minha mãe, caí de cama gravemente enfermo...

Falei muito durante meu estado febril. Delirava e, em meus delírios, dava largas à revolta integral que se instalara em meu coração. Ora rememorava os momentos de felicidade ao lado de Bernadete e os meus sonhos de união, ora

O Cardeal

imaginava sua dor e sofrimento por ausentar-se de minha presença e visualizava as pressões de minha mãe, ameaçando e exigindo a fuga da família. Pressentia-os passando fome e privações. Oh, dor! Oh, conflitos. Como perdoá-la, agora que sabia de tudo?

Quando melhorei e me considerei curado, não tive condições emocionais para conversar ou dialogar. Pensava, apenas, apesar das tentativas do meu amigo em estabelecer comigo uma forma de comunicação.

Quantos sentimentos contraditórios eclodindo e explodindo nas profundezas do coração! Coração, ah, coração! Surpresa mesclada à revolta, a submissão à família e o ódio, a tristeza unificada à angústia, a incerteza adicionada à vontade da apatia, a explosão silenciosa combinada com a profunda mágoa.

Tornei-me taciturno, de feições fechadas e duras e, a partir daí, decidi colocar uma rocha no lugar do meu coração, não mais sentimentos ou emoções, numa fuga deliberada para não instilar toda força da minha revolta sobre meus pais, principalmente sobre minha mãe. Não queria fenecer estiolado como planta ressequida ao sol, amargurado por tamanha saudade, muitas saudades.

A frieza e as atitudes calculadas passaram a fazer parte da minha personalidade desfigurada pela frustração.

Concentrei-me nos estudos e na exegese dos textos bíblicos que pudessem me favorecer as ideias preconcebidas e justificarem as minhas atitudes, daí para adiante. Desenvolvi a agilidade de raciocínio e a língua ferina e afiada. Ninguém poderia me enganar e me dominar. Ninguém mais me submeteria a nada. Eu, sim, descobri maneiras sutis de subjugar e dominar os pontos da fragilidade humana, o seu orgulho e vaidade, aplicando, a meu bel-prazer e em benefício próprio, seu veneno. Sim, eu sabia me utilizar dessa poderosa arma e ninguém mais do que eu possuía esse talento.

Agora eu era o senhor de mim.

Foi no auge da inquisição espanhola que meu poder não teve limites. Era respeitado pela igreja e achava-me sob o comando de sua santidade, o papa, por minha obediência cega aos cânones, pelas iniciativas próprias na aplicação das sanções do santo ofício e temido pelo sistema e pela nobreza.

Minha ação, como cardeal, inquisidor e admirador de Tomás de Torquemada, era por ele admirada. Não fazia julgamentos, nem lavratura de processos... Tudo era feito sumariamente. A heresia, onde houvesse, eu estava presente devido à movimentação rápida e avassaladora do meu ajudante de ordens, que comandava um bando de sicários que o seguiam cegamente, pelo meu nome e pelos régios pagamentos por seus serviços. Eram conhecidos e temidos pela alcunha de "os monges negros", embora não tivessem sido ordenados para qualquer carreira eclesiástica. Rápidos e eficientes, agiam sobre os denunciados por meio de sequestros e todas as modalidades de torturas físicas a título de libertação de suas almas. A morte era considerada consequência da fraqueza dos torturados, uma vez que eu não condenava ninguém à pena capital, a não ser nos casos de feitiçaria. Isto tranquilizava qualquer consciência, inclusive a minha. O mandamento "não matarás" era seguido. No entanto, quando aqueles executores, por sua própria índole e truculência, promoviam execuções, eram por isso perdoados nos confessionários, ajuntando-se o fato de estarem empenhados na defesa da santa madre igreja e de seus interesses. Com o confisco de bens e de terras em decorrência dessas

O Cardeal

ações, eu me engrandecia aos olhos dos meus iguais, de sua santidade e de mim mesmo.

Alguns nobres ousavam desafiar o meu poder, às vezes com simples alusões e comentários desairosos, à 'boca miúda'; porém, tudo chegava aos meus ouvidos. Espiões pagos ou voluntários, fiéis a mim, faziam chegar a mim as denúncias. Muitas delas eram fruto de vinganças de adversários economicamente mais fracos, mas isto era responsabilidade estrita de suas consciências perante Deus. E, se a Paternidade Divina permitia tais atitudes, é porque desejava testar a fé e a fidelidade dos acusados.

Quantos adversários e inimigos se levantaram contra mim! Mas todos, invariavelmente, foram dominados ou eliminados. Deus me concedera poder por intermédio de seu representante maior na Terra, o infalível sucessor de São Pedro, que edificara com amor e sacrifício a igreja de Nosso Senhor Jesus Cristo.

Eu não sabia mais o que pensar, mas não demonstrava o meu estado de espírito. Todavia, aquele homem estranho demonstrava inteligência, apesar da falsa demonstração de amizade camuflada por total subserviência. Ele fingia e eu também. Por fim, estrategicamente, pedira 'humildemente', para se retirar, acrescentando que, aos poucos, as lembranças voltariam. Ele passara por tudo aquilo.

– E por que você permanece aqui? – perguntei de chofre. – Não poderia ter tomado outros caminhos?

– Sim, eminência! Poderia, se quisesse e se pudesse, mas não posso! Por nossa convivência, percebi que há uma espécie de imantação da qual não posso fugir, mesmo que tivesse tal interesse. Não sei como funciona, mas aprendi muitas coisas, pois vim para cá antes de vossa eminência. Aguardei por sua chegada durante muito tempo. E, se me permite mais uma vez, estarei aqui do lado de fora, permanentemente.

Ele realmente sabia muito mais do que eu imaginara. Consenti que ele se retirasse por me achar extenuado e com uma sensação de esvaimento das forças, apesar da consciência de possuir uma estranha força de domínio e de atuação, e conservava a certeza íntima de que essa força se ampliaria.

Ele se retirou e eu me deixei cair, novamente, naquela velha poltrona. Meu pensamento agora era confuso, alguma coisa tornara-se real, mesclada de outras que pareciam fantasias. Mas, como ele disse, tudo voltaria à minha lembrança.

Fiquei a cismar, sentado no meio do aposento que a cada instante me parecia mais familiar. Por quanto tempo assim permaneci? Não sei. Perdi essa noção, mas o que isso importava, se agora tinha a consciência de que deixara o mundo dos vivos para viver a morte. E pensei, e refleti... Meu poder no mundo havia sido subtraído, mas outro poder se apoderava de mim e me fazia vislumbrar uma ação muito mais efetiva, uma vez que eu continuava vivo e nenhum dos meus inimigos daria conta dessa realidade, o que iria contar a meu favor. Não sabia como, mas, se os descobrisse, poderia cair pesadamente sobre eles, uma vez que a traição a mim era traição ao santo oficio e à igreja. Agora as ideias começavam a se formar mais claras.

Só poderiam ter sido aqueles pretensos nobres que assim se tornaram por minha interferência junto aos reis de Espanha, frustrados por terem ascendido à nobreza e viverem sob minha tutela: os Villena, os Aguillar e os Palmas Corrientes. Sim, somente eles teriam capacidade para engendrar o meu desaparecimento e de todo meu grupo. Mas poderiam esperar tranquilos em seus castelos ou mesmo sob a proteção da corte. Eu sabia tudo a respeito de suas vidas e, agora, com a visão mais ampliada...

Em pouco tempo, grande parte de minhas lembranças assomaram-me à mente, com clareza.

Levantei-me e abri a porta de meu aposento. Lá estava ele sentado no chão, como um cão de guarda. Ao se deparar comigo, ficou de pé, de imediato.

– Sim, eminência, precisa de alguma coisa?

– Entre!

Ele entrou, fechei a porta e conversamos, longamente.

– Onde fica localizado este velho castelo? Embora meu aposento seja igual ao que eu possuía, não consigo identificar este ambiente.

– Eminência!... – respondeu ele. – Tive tempo de fazer explorações por aqui e, por incrível que nos pareça, este velho castelo fica por debaixo da antiga abadia. Há acesso até lá por uma longa escada. Ainda não consigo compreender, pois o que eu conhecia do subsolo da abadia, tanto quanto vossa eminência, era uma antiga cripta onde estavam sepultados os nobres católicos e prelados da igreja. Um ambiente grande, mas não nessas proporções. Aqui há ambientes e inúmeros corredores, e eu os conheço todos.

– Vejo que estas roupas que usamos estão em frangalhos... – reticenciei, mudando de assunto.

– Sim, mas enquanto vossa eminência não retornava do mundo, achei que, como seu ajudante, deveria explorar, também, aqui, este aposento... Há no seu armário, naquele do fundo, todos os seus pertences e roupas originais. Vossa eminência poderá vesti-las, mas acredito que terá surpresas.

– Surpresas?

– Sim, aqui as surpresas se sucedem, mas tudo contornável.

Abri o velho armário, cujas portas continham as insígnias eclesiásticas relativas ao meu nível, pintadas e em entalhe na porta e, para minha surpresa, lá estavam minhas roupas e paramentos intactos, completos. Retirei aquela que mais se adequava ao momento a fim de permutar com aqueles trastes que eu vestia. Mas que surpresa! Por várias vezes, retirei os frangalhos de sobre mim, atirava-os ao chão e, quando tentava vestir os novos, aqueles outros reapareciam, misteriosamente, para cobrir o meu corpo. Repetidas vezes joguei-os ao chão e de lá desapareciam e reapareciam sobre meu corpo, para meu desespero e minha raiva. Arranquei-os aos pedaços, com furor, mas irremediavelmente voltavam. Que terrível mistério!

Chamei por meu ajudante e, com ira na voz, questionei a respeito do ocorrido:

– Que sortilégio, que feitiçaria é essa? O que está acontecendo, você sabe?

– Sim, eminência! – apressou-se ele em me esclarecer. – Eu disse que haveria surpresas e esta é uma delas. Não sei explicar esse fenômeno. Jamais consegui despir-me de meus farrapos. V. Eminência poderá vestir novas roupas por cima destas, mas retirar as outras... não creio que irá conseguir...

– Retire-se! – ordenei. Ele se retirou e eu vesti a indumentária escolhida sobre a outra, a contragosto.

Olhei-me no espelho de bronze polido engastado na parte interna da porta do armário e reconheci a minha fisionomia, mais abatida e encovada, os olhos mais fundos, os cabelos desgrenhados e a barba mal feita... Apesar de tudo, sentia-me poderoso como antes.

Chamei o meu ajudante. Ele parou diante de mim e seus olhos denotavam admiração e pareciam dizer do respeito aumentado ao me ver como me vira antes, na qualidade de

O Cardeal

autoridade eclesiástica. Encarei-o seriamente e lhe disse, com segurança:

– Quero ir à abadia!

– Sim, eminência!... – respondeu-me sem titubear, mas com subserviência.

– Então, vamos!

Ele saiu à minha frente e, em silêncio, caminhamos por extensos corredores revestidos por pedras na forma ciclópica, de teto arredondado, após atravessarmos o anfiteatro sombrio e cheio de esbirros, a turba esquisita e estranha de seres de aspecto muito primitivo. À nossa passagem, abriram-se em alas com as cabeças abaixadas em sinal de respeito. Uma espécie de claridade fraca, avermelhada e baça se estendia ao longo dos corredores, sem uma origem definida, nenhuma tocha ou lâmpada de óleo à vista. O silêncio sepulcral era quebrado apenas pelo som dos nossos passos ecoando naquele solo de lajedo irregular, nauseabundo e úmido, um labirinto bem conhecido por meu ajudante. Por fim, deparamo-nos com uma escadaria, também longa e delimitada, no topo, por ligeira claridade.

Iniciamos a subida por aqueles degraus irregulares, compridos, úmidos e, por vezes, escorregadios. Não sei por quanto tempo subimos, possivelmente por trinta minutos, e, à medida que avançávamos, a claridade do topo se definia mais, sem perder aquele aspecto baço, aumentando minha expectativa. O que eu poderia encontrar naquela abadia tão minha conhecida por tantos anos?...

Os últimos degraus se apresentavam em melhores condições, secos, mais regulares e sem o limo escorregadio. Finalmente, o topo. Estávamos extenuados, ofegantes e paramos para um breve descanso.

Adentramos por uma passagem sem portas por trás do altar-mor. Nunca vira aquele espaço aberto, nunca existira noutros tempos. Custou-me habituar os olhos com a claridade ambiente, apesar de sempre suavizada pelos vitrais coloridos, representativos de passagens evangélicas e dos santos mais venerados na região.

Perpassei o olhar pelos arcos ogivais interligando as colunatas góticas, pela imensa abóbada construída, também no mesmo estilo, pelas paredes ornamentadas com as pinturas dos quadros das estações do martírio, revi o púlpito lavrado em madeira e ouro e a grande nave central. Tudo isso fazia parte da minha vida e me era conhecido. Uma ponta de nostalgia e de sentimento tentou invadir meu coração, contudo, à lembrança da traição tramada ali mesmo, naquele ambiente, deixei que a dureza de pedra renascesse e se cristalizasse novamente. Todos, todos eles pagariam alto preço pela ofensa a mim, ao santo ofício e à santa madre igreja.

A nave central estava vazia, àquele instante. Andando por aquelas dependências, dirigi-me à sacristia cuja porta achava-se entreaberta... Entramos, eu e Raul. Esse era o nome do meu ajudante de ordens. Uma claridade suave, não provinda dos vitrais ou de algum lugar específico, iluminava o ambiente. Diante de pesada mesa, um abade muito idoso lia um grande livro, velha edição da Bíblia, aquela mesma que eu consultara tantas vezes. Rodeei a mesa para vê-lo melhor e de frente. A custo, contive uma ponta de emoção que eu julgava ter enterrado comigo mesmo numa cova qualquer do mundo, pois ali se encontrava o meu velho amigo predecessor, com aspecto de idade muito avançada. Aquele homem era um verdadeiro santo, culto, inteligente, amigo e bondoso, profundamente piedoso e compreensivo.

O Cardeal

Apesar de recurvado pelo tempo, apresentava o olhar e a fisionomia muito lúcidos.

Meus cismares foram interrompidos por um barulho que subtraíra o silêncio quase absoluto, o ranger dos gonzos da pesada porta da entrada principal da abadia se abrindo. Rapidamente fomos até lá para ver o que estava acontecendo. A luz do dia que invadiu a nave nos incomodou imensamente. As sombras de três vultos alongaram-se pelo corredor central, enquanto suas silhuetas caminharam porta adentro, sem podermos identificá-los em virtude da intensa claridade que vazava entre elas. Aproximaram-se a passos largos e, somente alguns segundos depois da porta fechada por algum auxiliar e quando estavam bem próximos, os reconheci: Villena, Palmas e Aguillar. Minha imediata reação foi a de me esconder atrás da coluna do altar-mor, mas não houve tempo. Raul tocou-me o braço, com respeito, e me disse:

– Senhor, eles não nos podem ver nem ouvir. Lembre-se, estamos mortos...

Os três passaram rentes a nós e, para meu espanto, dirigiram-se à sacristia. O que estariam a fazer ali?

Os três pararam à porta da sacristia em conversa à voz baixa, antes de entrarem, uma vez que a porta estava cerrada pelo próprio abade.

Raul percebeu meu impulso de esganá-los, porém, com cuidado, dirigiu-se a mim em tom esclarecedor:

– Eminência, há tempos percebi que a maior força que possuímos é a da mente, do pensamento. Nossos braços são impotentes quando se trata de lidar com as coisas e gente do lado de lá. Tentei, inutilmente, certa vez, avançar sobre um deles, mas em vão. O máximo que consegui foi atravessá-lo de lado a lado como se fosse transparente, imaterial, e concluí que imaterial era eu, embora me visse de corpo inteiro. De outra feita, encontrei resistência, como se chocasse com qualquer pessoa, na terra; no entanto, ele não registrou nada. Percebi, também, que, em nosso ambiente atual, as coisas têm solidez, nós temos solidez, mas no outro mundo, o deles, não somos nada. Mas descobri, eminência, que a nossa força está no pensamento e o uso dos braços e mãos se faz, ao lado da atuação da vontade, com força, apenas pelo hábito que temos em usá-los. E tenho certeza de que o seu pensamento é muito forte.

Raul aos poucos, com habilidade, me colocava a par dos detalhes deste novo mundo, desta nova vivência. Desconfiava que ele tivesse uma intenção oculta com relação a mim, mas era preciso aguardar os acontecimentos e confirmar minhas suspeitas.

– Como assim? – perguntei com disfarçado interesse. – Força do pensamento?

– Eminência – voltou a esclarecer –, em algumas pessoas podemos entrar nos seus pensamentos ou fazer com que recebam os nossos como se fossem seus, porque são iguais a nós – ou compartilham de nossos sentimentos e ideias, ou são fracas de personalidade e domináveis. Com outras é impossível, como se houvesse uma barreira intransponível.

– Explique-se melhor!

– No momento em que avancei sobre meu adversário com o intuito rancoroso de estrangulá-lo, não consegui com minhas mãos. Na primeira vez, elas o atravessaram sem lhe causar dano algum e, em outras vezes, logrei agarrar-lhe o gasnete, mas, curiosamente, sempre ele se sentia apenas engasgado. E sempre acontecia assim, repetida-

O Cardeal

mente. Com a observação desse fato, concluí que o seu engasgo era devido à minha intenção e vontade no momento de raiva. Cheguei a ponto de conseguir o mesmo efeito pensando fortemente na atitude do estrangulamento, e ele reagia sempre do mesmo modo. E, quando me interessa, faço isso até hoje.

Por algum tempo, os três visitantes conversaram à 'boca miúda', talvez para que o abade não os ouvisse.

– Vocês acham que o velho atenderá ao nosso apelo? – falou Villena, quase num sussurro.

– Ele é imprevisível e tem essa mania de fazer tudo sempre muito correto; contudo, ninguém escapa de uma boa argumentação – respondeu Palmas Corrientes.

– Se o cardeal estivesse aqui, tudo se resolveria – acrescentou Aguillar.

– Sim, ele resolveria tudo – Villena voltou a falar. – Mas ele não está mais aqui. Foi-se e vocês sabem muito bem disso – acrescentou com rispidez –, e sabem muito bem em que circunstância...

– Ninguém desconhece isso, não é preciso lembrar, e não é hora para lamentações.

– Ninguém está lamentando! – exclamou Palmas, um tanto irritado. – Veja bem, Villena, talvez tenhamos tomado atitudes precipitadas...

– Vamos mudar de assunto. Se já estamos livres dele, po que trazê-lo de volta à nossa conversa?

– Ele se foi e foi muito bem feito – interrompeu Aguillar.

– Sim, mas continua sempre presente em nossas conversas, e não há como eliminá-lo. Tudo o que nos diz respeito diz respeito a ele também. Já repararam nisso? E é por esse motivo que estamos aqui – falou mais irritado ainda.

– Vamos nos acalmar! – interveio Aguillar – Estamos sofrendo pressões por alguém que ficou oculto e, sob suas ordens, só pode ser isto; portanto, não vamos entrar em pânico...

– Aquele não dá paz nem depois de morto, não, Aguillar?

– Sim, Palmas, você tem razão, só não descobrimos quem ficou sob seu comando, agindo por ele. E você, Villena, não fez corretamente sua parte...

– Palmas, por favor, não gosto de acusações!... Apesar de meus cuidados nas investigações, por anos a fio, para fazer o levantamento de todos os seus correligionários, considero normal ter escapado alguém que deveria ser de sua total confiança e que ele tenha ocultado de nós.

– Só em pensar nele sinto arrepios; é como se ele estivesse presente e oculto, ao mesmo tempo – sussurrou Aguillar.

– Nem é bom pensar e sugiro, urgentemente, mudarmos de assunto. Isto não está bom. Vamos deixá-lo lá mesmo onde está e cuidarmos de nossas vidas. É o melhor que temos a fazer.

A custo controlava meus ímpetos de ataque, mas as palavras de Raul me fizeram, aos poucos, dominá-los e voltei também à racionalidade que sempre caracterizou minha vida e disse de mim para comigo: – Controle-se, pense, raciocine e aja encarando a realidade!

Quando se preparavam para entrar na sacristia, resolvi testar as informações oferecidas por Raul.

Olhei para cada um deles tentando auscultar seus pensamentos. Aguillar e Palmas pareciam demonstrar vontade de ir logo ter com o abade, de imediato. Pelo menos achei que havia sentido isso, porém, Villena parecia pensar fortemente em mim, apesar da decisão geral de mudarem de assunto, o que me fez concentrar meus pensamentos e,

O Cardeal

olhando diretamente em seus olhos, pensei com vontade e decisão:

— Villena, Villena, estou aqui, não pare de pensar em mim! Vamos, continue pensando, volte ao assunto de antes, fale no meu nome. Você é um perfeito canalha e sabe de todas as suas canalhices!...

Como que por inusitado milagre... milagre?!... que direi eu?... Villena segurou os dois pelos braços e falou:

— Esperem! Não podemos ir lá sem estarmos seguros do que conversar com o abade. Fatalmente virá à baila o nome do cardeal. Voltemos ao assunto.

— Você não acha que chega de tocar nesse nome? – perguntou Aguillar.

— Acho que não, uma vez que a trama é de nós três e eu é que fui o canalha que engendrou tudo. Sei que a canalhice é minha, mas temos que estar de acordo em tudo. Não podemos nos contradizer, e mais, não sabemos a posição do abade com relação ao cardeal.

— Não sei por que você está dessa maneira, tão agitado. Já conversamos tudo. Há algo mais?

Eu exultava, havia dado certo. Continuei a agir e ele a me obedecer, e acrescentei:

— Eles são canalhas também, e amigos de canalhas mais o são!

Ele pareceu meditar e continuou:

— Vocês querem passar por inocentes, mas são tão canalhas quanto eu, ou melhor, são mais ainda... – concluindo com veemência e raiva na voz.

A reação de Palmas não se fez esperar:

— O que está acontecendo com você, sempre tão sereno e seguro de si? Preste bem atenção: estamos do mesmo lado.

— Isso mesmo, Palmas! – confirmou Aguillar.

Enquanto se desenrolava o diálogo, Raul fez algumas considerações:

— Vossa eminência está de parabéns! Viu como eu tinha razão a respeito de sua força mental? Contudo, penso que será conveniente, por agora, ouvirmos e sabermos o que eles vieram tratar com o abade.

Ele tinha razão, sempre tinha razão. Raul não era uma criatura comum. Muito sagaz, sabia lidar comigo. Parei de exercer minha influência sobre os pensamentos de Villena, que se acalmou repentinamente e prosseguiu:

— Desculpem-me, não sei o que está acontecendo. Vamos entrar!...

O velho abade fechou o grande livro e, de pé, fazendo uma reverência, embora sem afetação, os convidou a se sentarem, sentando-se também, logo em seguida. Olhou-os nos olhos, um por um, com serenidade, porém com firmeza, e isto pareceu desconcertá-los um pouco, e os interpelou:

— Mas a que devo a honra de tão ilustres visitas?

— Estamos aqui, senhor abade, para oferecer à igreja uma substanciosa contribuição — Villena abalou-se em falar, em primeiro lugar, como combinado.

— Fico muito satisfeito e, em nome da igreja, muito grato. Será de grande ajuda para as nossas obras destinadas ao amparo dos pobres miseráveis.

— Sim, senhor abade, queremos oferecer algo de nós, contudo... — gaguejou Palmas.

— Contudo... — prosseguiu o abade, estimulando o interlocutor a falar.

— Contudo — interveio Aguillar —, gostaríamos de seus conselhos e de suas boas relações com as autoridades eclesiásticas e políticas.

O Cardeal

– Saibam amigos, que não passo de um velho abade a aguardar o fim dos seus dias para retornar ao seio do Criador, mas prossigam, prossigam!

Os três, revezando-se, desfiaram um rosário de solicitações impertinentes e descabidas.

Mas isto não era o âmago da questão, como percebera o abade, e, quando afirmaram que estavam cobertos de problemas relativos à sua vivência na corte, o abade, judiciosamente, esclareceu:

– Durante toda a minha vida, diante dos problemas que me acometeram, e não foram poucos, sempre consultei a Deus e Ele invariavelmente me atendeu...

– Então vamos consultar a Deus, senhor abade – falou Palmas, sem conseguir esconder certa ironia, por considerar o abade, ou um velho beato, ou alguém muito esperto, tentando isentar-se dos assuntos que seriam abordados no curso da conversação. Serenamente, o abade abriu o pesado livro e acrescentou:

– Vamos ouvir a palavra de Deus no Velho e no Novo Testamento. Aqui está, ao acaso, um versículo do Salmo 23, o terceiro: "Guia-me pelas veredas da justiça por amor ao Seu nome". Agora vamos ver o *Evangelho* de Nosso Senhor Jesus Cristo. E, quase colando o rosto à página em virtude da fraca visão, prosseguiu: – Aqui está o capítulo cinco do *Evangelho* de São Mateus e, no início da página, o versículo vinte e quatro: "Deixa perante o altar a tua oferta, vai primeiro reconciliar-te com teu irmão".

O abade fechou o livro após a leitura e permaneceu em silêncio. Os três, também em silêncio, entreolharam-se sem saber o que dizer; porém, depois de alguns angustiosos segundos, Aguillar resolveu quebrar aquele estado de coisas, fazendo questão de desconsiderar a leitura dos versículos.

– Estimado amigo, vossa reverendíssima sabe que somos alvos do desprestígio por parte da nobreza e por parte da igreja, apesar de nossa dedicação e fé, sem falar nas ameaças veladas à nossa integridade moral, ameaças de denúncias ao santo ofício. Como sabe, temos significativo patrimônio em terras, empregados e haveres, mais do que qualquer um, e não temos descurado de ser generosos. Ou isto é chantagem, fruto da inveja, ou os poderes governamentais e eclesiásticos não têm tomado conhecimento de nossa generosidade. Vimos apelar para a sua amizade para conosco, sua reputação junto à nobreza e aos olhos do clero.

– Mesmo sem conhecer os detalhes desses acontecimentos, penso, dom Aguillar, que não há o que temer, considerando a nobreza de suas casas e de seus nomes de famílias tradicionais sempre conhecidos por toda a Espanha e tão reconhecidamente prestigiados pelo cardeal, que Deus o tenha! – respondeu o abade, persignando-se, com segurança na voz.

– Considero, amigo abade, que nossos óbolos e ofertas para a igreja não nos têm colocado na posição de destaque própria para a nossa casta, nível e merecimento de berço. O nosso grande e amado cardeal se foi para os campos celestiais, para o seio de Deus, e não podemos contar mais com sua paternidade e, consideremos, com o seu poder.

– Sim, reverendíssimo padre – interveio Villena, por sua vez. – Há alguma coisa estranha no ar; uma vaga impressão e sensação de insegurança nos ronda, e me parece que é somente a nós três. Tenho prestado atenção aos acontecimentos e percebo que, nos grandes momentos da corte, somos

O Cardeal

ignorados, ou pior, por demais observados por alguns poucos, disfarçadamente. Na verdade, não há nada de concreto.

Mal Villena se havia calado, Palmas afirmou:

– Quero acrescentar que, apesar do respeito que todos demonstram, o rei mal nos dirige o olhar e alguns prelados, em conversas animadas, silenciam bruscamente à nossa passagem ou prosseguem de modo ininteligível, com insinuações veladas ou metáforas. São atitudes inexplicáveis. Não teria vossa reverendíssima ouvido ou percebido alguma conversa nesse sentido?

– Não me vejo imiscuído nas tramas palacianas, nem nas bisbilhotices de outrem, usando ou não o nome e autoridade da santa madre igreja. Lá compareço, tão somente, quando as exigências sacerdotais assim o fazem e, aqui, onde os senhores se encontram, vêm somente os que me têm como amigo e, na grande maioria, aqueles que se consideram deserdados da vida e trazem pesados fardos de dor e sofrimento, independentemente de sua casta social.

– Perdoa-me, senhor abade, não quis faltar com o respeito, nem houve a intenção de fazer qualquer mau juízo sobre suas atitudes. É que muitos se despreocupam em suas falas na presença de pessoas como vossa reverendíssima.

– Amigos! – prosseguiu o abade –, relevem-me a sinceridade que sempre me caracterizou. Repito: suas consciências de nobres cavalheiros de famílias de renome não devem abrigar preocupações, uma vez que acredito nada terem feito de escuso para sofrer pressões de quaisquer ordens. De minha parte, confesso que não tive maiores valores do que aquele de ter sido apenas preceptor do nobre cardeal. Reconheço que todas as portas sempre estão abertas para mim e assim é, talvez, por causa da minha simplicidade, sem ambições maiores do que a de cumprir com meus deveres eclesiais e por não interferir na política governamental ou nas decisões da igreja...

– Contudo, senhor abade – interferiu Palmas, de forma irreverente, cortando a exposição do abade –, esta é apenas uma conversa informal e peço, em nome de nossas famílias, a sua caridade de, ao andar por essas tais portas abertas, que use bem seus ouvidos e seus olhos para nos ajudar a entender e sair dessa situação, e garanto que, ao ser benéfico para conosco, será também para as suas obras, para a igreja e para a identificação e expurgo dos verdadeiros hereges.

Como o tom da fala de Palmas identificava um encerramento, o abade levantou-se, com alguma dificuldade e concluiu:

– Como sabem, estou muito velho e me canso com facilidade. Vou orar ao Pai Celeste por vocês e, se Ele me conceder a oportunidade de compreender melhor estes fatos ou de perceber alguma coisa que possa conduzi-los à paz e à tranquilidade, eu os informarei.

– Voltaremos na próxima semana e no mesmo horário – concluiu Palmas.

– Sua bênção! – solicitou cada um dos três, inclinando-se e beijando a mão que lhes era estendida.

– Deus abençoe suas almas e seus corações!

Os três se retiraram da cela do abade e, a passos firmes, se dirigiram para a saída. Quando atravessavam a nave central, eu disse para Raul:

– Vamos segui-los, agora!

– Senhor!... – respondeu Raul, sem sair do lugar.

– Não discuta, vamos segui-los, agora!

O Cardeal

– Mas, senhor!... – insistiu Raul, como se quisesse me dissuadir. Não dei ouvidos e saí ao encalço dos três, enraivecido pela atitude daquele subalterno que parecia tentar me impedir o intento.

– Senhor, espere, por favor!...

– Raul!!! – gritei – obedeça e venha!

Nesse instante, eles alcançaram a grande porta que dava entrada ao templo e, quando iam abri-la, Raul tentou, mais uma vez, falar alguma coisa e, cego e surdo às suas palavras, já o odiava por isso. Ele não teve tempo para dizer mais nada, então compreendi, tardiamente, sua atitude.

Palmas, à frente de Aguillar e Villena, abriu uma das bandeiras da porta e a luz do dia jorrou intensa pela nave. Aquela claridade foi terrível impacto para mim; senti uma dor lancinante nos olhos e uma espécie de vertigem que quase me fez cair ao chão. Saí em direção contrária, cambaleante, e, antes de cobrir os olhos com as mãos, ainda tive tempo de vislumbrar Raul a se esconder, rapidamente, atrás de uma das colunas. Fechada a porta, novamente a penumbra voltou a invadir o templo e permaneci, ainda, por algum tempo, em plena cegueira e amparado por Raul, que já deveria conhecer aquela situação.

– Eminência, me desculpe. – Raul pareceu falar com sinceridade. – Tentei evitar, mas não me foi possível. Não se preocupe, pois tudo isso logo passará.

Raul ajudou-me a sentar no degrau do altar-mor e, a meu pedido, esclareceu:

– Não sei por quê, mas a claridade do dia torna-se muito forte e nos afeta, não apenas aos olhos, de forma sensível. Aqui neste mundo não estamos afeitos a isso, talvez porque nos faltem os olhos do corpo apropriados a receberem, normalmente, essa claridade.

Meu orgulho ferido me impediu de agradecer, o que eu faria se estivesse noutra situação, e me definiu como devedor daquela criatura abjeta para mim.

– Como encontrá-los, agora, Raul? – falei num tom que identificava ao mesmo tempo irritação, frustração e aborrecimento.

– Poderei falar a respeito, mas, no momento, é importante a sua recuperação. Sei onde e como encontrá-los e logo iremos ao seu encalço.

Passaram-se alguns minutos até que eu me refizesse daquela situação inusitada. Depois desse tempo, talvez, meia hora, retornamos pelos mesmos trechos de caminhada. Descemos a escadaria, percorremos os longos corredores, em silêncio quebrado pelo som de alguma água pingando em algum lugar e de nossos passos que ecoavam lúgubres naqueles sombrios corredores.

Chegamos ao ambiente onde eu, inicialmente, despertara da morte, o anfiteatro em penumbra mais espessa e povoada por aqueles seres em que eu reconhecia, agora, meus comandados, que, na terra, eu jamais vira por serem diretamente chefiados e dominados por Raul. Não os vira porque minha posição hierárquica não permitia contato com eles.

Entrei em meu aposento deixando meu ajudante à porta. Fechei-a e me lancei naquilo que eu poderia chamar de cama, extenuado, à procura de repouso, uma vez que me foram profundas as emoções e os acontecimentos jamais imaginados, e refletia: onde o céu ou o inferno tão bem descritos, os constituídos dogmas da igreja? E o purgatório seria aquilo que eu presenciava? Não encontrava meios de estabelecer comparações com os estudos, dogmas, conceitos e definições, toda a exegese, enfim, relativamente aos textos sagrados. Que trama

O Cardeal

imensa entre o céu e a terra, sem qualquer configuração com o previsto e exaustivamente estudado, em concílios, determinados em bulas e dogmas nas interpretações do Velho e do Novo Testamento, sob a pretensa visão do judaísmo ou das assertivas salvadoras do cristianismo... E ainda a autoridade moral da santa madre igreja a determinar punições infernais e premiações celestiais, a definir para o homem a sua condição de herege ou de santo, segundo o direito canônico...

Pensei, pensei e, por fim, varri de meu pensamento aquelas considerações, pois eu era o cardeal e permaneceria, invariavelmente, fiel, sempre fiel à igreja. A razão estava nela e com ela, e eu era o seu representante onde estivesse, mesmo no outro lado da vida. Assim permaneceria até a morte, novamente, se possível fosse.

Por fim, adormeci, um sono incompreensivelmente agitado num tempo que parecia infinito.

5. Reencontro

Depois de muitos dias de enfraquecimento provocado pela vigorosa pneumonia que me havia acometido naquela noite gélida e tempestuosa, quando inutilmente procurei na estalagem pela família de Bernadete, comecei a melhorar sob a atenção amorosa do meu amigo que me curou da enfermidade, mas que não pôde cicatrizar as feridas do coração entre a dor, a revolta e a saudade.

Onde estaria, agora, aquela família que eu amava como se fosse minha? E Bernadete, como deveria estar sofrendo!... E seus pais? Todas essas lembranças se mesclavam ao rancor e ao ódio que passei a devotar ao meu pai e à minha mãe, que, deliberadamente, me suprimiram os anseios à felicidade.

Eu não desanimaria na busca dos caminhos que os teriam levado a Toledo, a Castilla la Vieja ou mesmo a Madrid. Tão logo eu me restabelecesse de todo, iria procurá-los, alguém haveria de me dar informações. Contudo, agora mais vinculado ao processo eclesiástico, não teria muito tempo para isso, mas iria em frente enquanto houvesse alguma possibilidade.

Da doença à convalescença, da convalescença à cura definitiva. Meu vigor assomou às minhas veias e a todo o meu corpo.

Embora as angústias e as dores da alma, eu me sentia com a plenitude da juventude que me caracterizava e, mesmo me sentindo curado, permaneci inativo por mais algum tempo, e essa decisão foi respeitada pelo abade. Eu precisava refletir demoradamente, colocar as ideias em ordem e, racionalmente, direcionar a minha vida. E assim fiz meu plano de ação.

Considerava-me mais amadurecido para poder tomar as decisões. Prosseguiria à procura de Bernadete e sua família. Mesmo na futura condição da vida eclesiástica, continuaria sob a orientação do meu preceptor a fim de avançar em conhecimento e adquirir a astúcia necessária em proveito próprio, uma vez que minha mãe me determinara seguir a vida religiosa. Apesar de desprezá-la, por sua ganância e inconsequências, ela me dominava, me dirigia e me direcionava. Assim, ambos, mesmo em sentimentos opostos, iríamos usufruir, ao máximo, do que a nobreza e a posição social poderiam oferecer. Já estava aprendendo, com ela, a conhecer o móvel das ações das pessoas, seus interesses, sentimentos e descobrir o íntimo de suas almas. Sob a tutela da batina e da igreja, isso me seria facilitado. Ela, muito sagaz, já se aproveitava do meu nome.

Fazendo especulações, descobriu que o abade tinha parentesco com o 'santo padre', o que por humildade ele sempre ocultou, e sutil e sorrateiramente insinuou na corte e no meio

O Cardeal

da nobreza a minha condição de protegido de um parente do papa. Com isto as portas, outrora indiferentes, começaram a se abrir para ela e meu pai.

Alegando necessidade de me apresentar a amigos e outros familiares, levava-me com ela à corte e lá eu percebia as deferências injustificáveis com que eu era tratado. Não havia dúvidas, ela era uma verdadeira raposa.

Leves batidas soaram na porta do meu quarto, tirando-me, momentaneamente, dos meus cismares. À minha autorização, a porta se abriu e o abade adentrou calmo e sereno, como sempre.

– Sente-se, abade, fique à vontade – solicitei, feliz com sua presença.

O velho amigo sentou-se numa cadeira próxima à minha cabeceira e olhou-me nos olhos, em silêncio, como a devassar a minha alma, e eu me sentia penetrado por aqueles olhos claros que pareciam ler os meus mais recônditos sentimentos.

Passaram-se vários minutos sem que nos falássemos. Por fim, eu tomei a iniciativa.

– A que devo a honra de sua presença?...

– Primeiro pelo prazer de vê-lo e constatar a sensível melhora; folgo em vê-lo corado novamente, o que me deixa muito feliz.

– Conhecendo-o como o conheço, senhor, ouso dizer que sua presença não é somente por sua gentileza e bondade que lhe caracterizam a alma... Estou certo? – inquiri numa abordagem direta.

– É verdade, meu amigo. Estamos juntos em boa e proveitosa convivência há bastante tempo, e isso, talvez, em nome de nossa amizade, me autorize a falar direta e abertamente ao seu coração.

– Continue à vontade, amigo. – respondi com sinceridade.

– Sinto-o acabrunhado e tristonho, o cenho carregado, indicativos de grandes amarguras esmagando seu coração que se identifica com pesadas dores...

Olhei-o atentamente diante de suas últimas palavras reticenciosas como a exigirem uma posição de minha parte. Avaliei a situação com o sentimento aliado à razão e, por fim, conhecendo sua firmeza e confiança, honestidade e discrição, coloquei-o a par de tudo o que se passava dentro de mim. Desenrolei para ele um sudário de minhas frustrações, as atitudes de minha família, incluindo a intransigência e poder de minha mãe aliados à indiferença e passividade de meu pai, a fuga dos meus anseios de felicidade, como um punhado de areia que escorre por entre os dedos. Falei de minha dor acasalada à revolta como reação defensiva e agressiva de meus sentimentos.

O abade me ouviu com infinita paciência. Com voz entrecortada e um nó na garganta, desfiei todo o meu rosário, buscando controlar minha emoção. Quando interrompi o meu relato, percebi que os olhos do meu amigo pareciam marejados. Discretamente ele tentava reter alguma lágrima. Por fim, ele me disse, uma vez que eu silenciara:

– Meu filho, falo assim e assim o trato porque o considero dessa forma! Realmente sua dor é grande. Vivemos tempos difíceis, pois você não desconhece que os senhores têm direito de vida e morte sobre seus vassalos. É um direito não sancionado por lei, entretanto, de fato, é o que acontece. Não posso concordar com isso, mas nada se pode fazer no momento histórico pelo qual passamos. Sei que não serve de consolo, mas a misericórdia de Deus permitiu que a família de sua amizade não fosse destruída ou dizimada,

O Cardeal

como tem acontecido em outras herdades ou posses. Você agora, amigo, tem um caminho a seguir e sei que pretende segui-lo.

– Há que recordar, abade, que assim estou por imposição e interesse mesquinho deles, principalmente dela.

– Você se refere à sua mãe.

– Não, não tenho pai nem mãe; aquelas criaturas já não mais são alvo do meu respeito e consideração. Sou sempre submetido à sua vontade e diretriz. Ela domina e determina.

– Você tem razão, mas deve ter piedade por ser ela também filha de Deus.

– Respeito o senhor, sua posição de sacerdote da igreja, que é para onde eu me dirijo a fim de cumprir o meu destino determinado e irreversível. Não posso reverter essa situação, pois, sem o seu domínio e determinação, eu não teria como sobreviver. Sempre tive tudo a meu favor e à minha disposição e, sem a tutela daqueles dois, eu seria hoje, como me ameaçou, um mendigo ou vassalo sem profissão. Não haveria uma saída digna para mim. Tenho apenas duas opções: ou engajar-me nas armas e partir para a cruzada que busca expulsar os mouros de nossa terra – pois sou bom em armas, tive os melhores instrutores –, ou permanecer servindo à igreja com todas as regalias que a minha posição me proporcionará. Na verdade estarei servindo a ela. Sua maquinação é tão sutil e tão avançada, sob seus interesses, que tudo se tornou irreversível.

– E como você pretende agir, meu filho? Como poderei ajudá-lo?

Aquele homem bom me fitou longamente, cofiando a barba embranquecida, meditando a respeito de minhas palavras até contundentes. Eu fui muito sincero a respeito dos meus sentimentos com relação à minha família e à frustrada ânsia de amar e ser amado. Por fim, ele falou com muito amor:

– Meu amigo, meu filho pelo coração, acredito que, ao considerar os seus propósitos de progresso espiritual, na igreja, não há mais razão para procurar a família de Bernadete. Deus, o Pai de todos nós, estará cuidando por intermédio de alguma criatura penalizada da situação deles. Deus proverá sempre, meu filho, confie nisso! Procure transformar seus desenganos em ações nobilitantes e deixe o seu coração isentar-se da mágoa para iluminar-se com a bondade que nele existe, em favor de tantos que nos procuram. E, com sua inteligência em apoio, poderá se dedicar a consolar e conduzir o rebanho do Senhor, que é tão grande e tão necessitado.

– Meu amigo e mestre – respondi com certa segurança –, parece-me que o senhor abade sabe muito mais a respeito do que está falando. Não quero colocá-lo sob pressão inquisitória, não tenho esse direito, mas gostaria de ser informado se soubesse alguma coisa a respeito da família desaparecida. Não tenho intenções de reatar qualquer tipo de relação com Bernadete, uma vez que meus propósitos são outros...

– Não os vi, meu amigo, nem contatei com eles, posso afirmar com segurança, como verdade – respondeu o abade com sinceridade na voz. Embora acreditasse em suas palavras ele, sem mentir, parecia me ocultar alguma coisa, mas quis insistir, prosseguindo por outro caminho.

– Quanto às suas ponderações, abade, estas são para os conselheiros e dedicados, por vocação, ao Nosso Senhor Jesus Cristo, ao consolo e à pacificação. Minha missão na igreja será a de reverter o terrível quadro da heresia, com a espada flamejante do arcanjo. Usarei a força do *Evangelho* para coibir o mal, como o Cristo o fez, com energia. Acredito que aos missioná-

O Cardeal

rios se aplicam suas palavras quanto à "mansidão das pombas" àqueles dedicados ao coração sofrido; e a outros, como eu, "a esperteza das serpentes", nas ações purificadoras.

– Sim, amigo – interferiu o abade com certo ar de preocupação –, mas não se esqueça de que a força do Evangelho está no amor e na misericórdia.

– Contudo – respondi de imediato –, ao lado da misericórdia não podemos esquecer a presença da justiça...

Mais um dia se passou após a última conversa com o meu amigo, o abade.

Na manhã seguinte, um mensageiro chegou da herdade dos meus pais, a cavalo, para entregar uma mensagem ao abade, que de imediato me passou, e assim dizia:

"Meu filho,

"Prepare-se porque, amanhã, pela manhã, passarei para irmos juntos à corte, em Madri. Deverei apresentá-lo a alguns nobres, meus amigos, que desejam conhecê-lo.

"Haverá uma festa em homenagem a embaixadores estrangeiros e delegados da santa Sé.

"Nosso coche estará aí às oito horas, pois a viagem deverá durar algumas horas. Ficaremos hospedados em palácio, onde seu pai está, como sempre, e à nossa espera. Somos convidados especiais. Não podemos faltar. O rei e a rainha estarão presentes na grande sala de audiências.

"Sua mãe,

"Mercedes."

Li e reli a mensagem, mostrei-a ao abade e comentei:

– Não gosto disso. O que ela estará tramando, desta vez? Do que ela deseja usufruir? Não gosto disso, mas tenho que ir.

– Meu amigo, desta vez é aconselhável que você vá. Tenho conhecimento dessa reunião. Nobres dignitários da igreja estarão presentes e deveremos estar com eles. Assim como você, outros jovens aprendizes e postulantes também irão. Não se preocupe, deverei acompanhá-los, recebi ordens para tanto.

– E como deverei me comportar em sarau ou festa tão solene?

– Seja você mesmo. Haverá muito tempo e oportunidade para conhecimentos e sondagens a seu respeito. Seja você, apenas.

Quando o coche chegou, na manhã do dia seguinte, com minha mãe e alguns vassalos montados a cavalo, nós já estávamos de pé, em silêncio, porque, como bom observador, ele percebeu que assim eu preferia ficar.

Ela desceu do coche agitada e falante, como sempre, nos cumprimentou, beijando reverente a mão do abade – falsa reverência –, e eu respondi ao cumprimento, formalmente e sem muito entusiasmo.

– Como está, meu filho, como tem passado? Sinto falta de sua presença e sua alegria em nossa propriedade, embora compreendamos que sua ausência é por uma causa nobre e excelente.

– Vou bem, obrigado, senhora! Mas excelente para quem a causa nobre que eu abracei? – perguntei com sinceridade e certa ironia, em tom condenatório. O abade sabiamente interferiu:

– Por certo, meu amigo, a senhora responderá que todos serão beneficiados com sua presença nos quadros da igreja.

– Vamos, vamos todos, então! De imediato!

– Senhora! – interveio o abade, novamente. – A senhora aceita algum alimento, alguma fruta, um cálice de vinho?

– Não, obrigada, vamos logo, se possível – respondeu com gentileza, também formal –, pois a viagem não é tão curta e as estradas não são boas como antes.

O Cardeal

Auxiliada por um serviçal, a senhora entrou no coche, não sem antes oferecer a primazia ao abade, que a recusou, gentilmente, mas lhe ofereceu o braço para ampará-la na subida dos degraus e, em seguida, subimos e partimos.

A conversação se estabeleceu principalmente entre ela e o abade, com pequenas interferências de minha parte, já que preferia deliciar-me com a paisagem. A manhã estava magnífica, o céu de transparência azul, com raras nuvens, as montanhas, ao longe, pareciam leves pelo tom cinza, ligeiramente azulado, os vinhedos, carregados de frutos quase prontos para a colheita, intercalados por bosques que atravessávamos, observando a alegria dos pássaros e as árvores anosas, bem copadas... Mais adiante, alguns cursos d'água cristalina refletiam o brilho do sol e o perfume da vegetação, ainda molhada pelo orvalho, emprestava a sensação de pureza ao ar.

– Senhor abade, meu filho segue o aprendizado como planejado? – perguntou minha mãe, no curso da conversa.

– Sim, senhora, ele é inteligente, dedicado aos estudos e se aprimora em seu desempenho.

– Espero que sim, pois estamos investindo, com todas as esperanças, em seu desempenho na igreja para o bem de todos... – e, acrescentou como se estivesse a se corrigir –... para o bem da humanidade...

Ao chegarmos à corte, fomos condignamente recebidos pela vassalagem do palácio, que transportou nossa bagagem para os aposentos que nos foram determinados e, de imediato, conduzidos ao grande salão de recepções. Muitos convidados já haviam chegado, mas outros tantos viriam após.

Entardecia, quando meu pai nos conduziu às apresentações que ele, previamente, havia escolhido, por certo, por determinação de minha mãe. Apesar de minha rejeição, fiquei bastante surpreso com o ambiente que eu classificava de pura frivolidade e aparências. O clima era de festa, danças, falsas alegrias, onde a comida e o vinho rolavam com fartura.

Em companhia dos meus pais e do abade, meu protetor, em quem, realmente, eu sentia segurança, dirigimo-nos ao salão de recepções. Logo se acercaram vários convivas para as apresentações. De início, três jovens fidalgos me chamaram a atenção por sua jovialidade, autoconfiança e demonstração de sagacidade, pelas palavras fáceis e pelos assuntos desenvolvidos.

– Este é o jovem senhor da família dos Aguillar.

– Encantado, senhor – respondi com uma curvatura repetida por ele.

– Aqui temos o digno representante da família dos Villena e, ao seu lado, o ilustre cavalheiro dos Palmas Correntes – prosseguiu meu pai, sem poupar qualificativos, levando-nos a inclinarmo-nos uns para os outros, em reverência, como mandava a etiqueta da época.

Como permanecessem em silêncio a demonstrar interesse em ouvir algo de mim, talvez para me avaliarem e definirem sua aceitação ou não, tomei a iniciativa:

– Os três nobres senhores parecem muito amigos, coisa rara nos dias de hoje, concordam? – falei, de certa forma desviando de mim o centro do interesse...

– Sim – respondeu Aguillar –, somos muito amigos, sempre, em tudo. Não há segredos entre nós.

– Estamos juntos nas caçadas, nas festas, nos esportes de estação, nas armas... – acrescentou Palmas.

– Gosto disto e repito que esta é uma virtude rara nos dias que correm. As pessoas tendem a se isolar e o isolamen-

O Cardeal

to leva ao enfraquecimento do grupo social, como unidade, que, consequentemente, perde sua força. A união e a amizade verdadeiras, na força da mocidade, estabelecem e estreitam a união das famílias – falei com naturalidade e segurança, enquanto os três me olhavam com disfarçada admiração.

– Suas sábias palavras são o resultado de sua lógica pessoal, dos estudos aprofundados ou da convivência com o erudito e ao mesmo tempo humilde abade? – interrogou Villena, sabedor de minha condição de postulante à vida eclesiástica e pela identificação em minhas vestimentas, embora não se diferenciassem muito das vestimentas deles.

– Creio que, somadas todas essas condições, se destaca sobremaneira a convivência com o meu preceptor – respondi, tentando mais uma vez desviar a atenção de mim.

– Por favor, amigos – interveio o abade –, com todo o respeito, devo discordar, considerando a amizade que me devotam e a caridade de todos com um velho abade. Não sou mais do que um aprendiz, apenas com um pouco mais de experiência – e, mudando o rumo da conversa, insistiu: – Conhecendo os quatro e suas famílias de longa data, percebo que já se estabeleceram pontos de identificação...

– Você também é jovem como nós – voltou Aguillar à conversa, compreendendo a sutil insinuação do abade – e acredito que pode fazer parte do nosso restrito grupo. Sua família tem tanta nobreza quanto as nossas.

– Sinto-me honrado com tal galanteria, contudo, os deveres eclesiásticos, como já sabem, tomam grande parte do meu tempo. Entretanto, jamais desprezaria tal amizade. Isto, além de honroso, me é lisonjeiro.

– Mas não se furte de desfrutar, com liberdade, de nossa boa amizade. Falo em nome de todos. Conte conosco.

Walace Fernando Neves

Após as conversas triviais pelas quais os três, perspicazmente, me sondavam a cultura e os conceitos, pediram licença e se afastaram em busca de outros convivas conhecidos.

Por um momento ficamos a sós, e o abade tomou a iniciativa de conversa mais íntima:

— Meu amigo, você os impressionou. Muito bem!

— Por quê? — respondi intrigado, ao que ele aduziu:

— Eles, como sempre, avaliam os mais recentes a fim de abrir ou fechar, em definitivo, as portas de seu círculo restrito, sua intimidade, uma vez que representam, em sua frivolidade, famílias das mais proeminentes, na corte. Você se portou com simplicidade, sem afetação ou a costumeira arrogância de muitos para causarem boa impressão, o que não ocorreu, mas com assertividade.

Enquanto a conversa prosseguia, eu aproveitava para, de modo discreto, observar as expressões de contentamento de minha mãe e quase podia ler seus pensamentos a maquinarem um jeito de tirar proveito de tudo, no presente e no futuro.

— O que o senhor pode me adiantar a respeito da conversa que tivemos com os três nobres?...

— Que a esta hora o seu nome e o de sua família já correram por todas as bocas. Saiba que será alvo de todas as atenções. Como se entediam com facilidade, gostam de novidades e, invariavelmente, testarão, maliciosamente, sua discrição. As conversas, os sorrisos, as atitudes serão sempre provocativos...

— Por acaso teremos mais algumas surpresas? — interroguei o abade para compreender melhor minha posição naquele ambiente.

— Não digo surpresas, mas você deve ter percebido que sua vinda aqui, hoje, faz parte de um teste a que está sen-

O Cardeal

do submetido, com vista ao futuro e, por mais que o preparasse, com antecipadas informações, os acontecimentos surgiriam inesperados e, de modo aleatório. Acho melhor deixarmos que eles sigam seu curso.

– O que estará por vir!?...

– Lembre-se de que, hoje mesmo, estaremos em colóquio com os dignitários da igreja e, fatalmente, você estará sob seus olhares e expectativas. Pois já o conhecem como uma promessa em formação.

– Isto é lisonjeiro, abade, devo ficar envaidecido ou preocupado?

– Nem uma coisa nem outra; seja apenas, natural e espontâneo, não se impressione com coisa alguma e permaneça atento às suas demonstrações de rejeição que sei, por natureza, habitarem em seu coração.

Minha mãe nos deixou para tratar de seus interesses e meu orientador me falou:

– Devo deixá-lo por alguns momentos para estar, de imediato, com nossos superiores. Você será chamado oportunamente. Ande, conheça e aproveite para tirar algum proveito da observação e análise.

Mal o abade se afastara, por um dos corredores, fui novamente abordado pelos meus novos amigos, acrescidos de outros, em companhia de alegres senhoritas.

– Daqui a pouco, Aguillar dirigirá algumas danças para nosso entretenimento. Por certo teremos a quadrilha, a galharda e o troto. Qual delas é a de sua preferência? – falou uma das moças, dirigindo-se a mim. Diante daquela provocação, sim, porque sabiam que eu postulava a vida eclesiástica, respondi:

– O troto e a galharda são danças alegres e a quadrilha exige muita atenção e boa coordenação de movimentos. Parabenizo Aguillar por estas preciosas habilidades, uma vez que a dança sempre traz alegria e beleza ao conjunto. Concorda?

– É uma bela resposta; vejo que vossa senhoria aprecia o que é bom e belo. Vossa senhoria gostaria de nos acompanhar, quando iniciarmos as danças? O que acha?

– Isto mesmo – acrescentou uma das que permaneciam sorridentes e caladas. – O cavalheiro parece entender das danças de nossa época, tão atuais.

– Penso que as decepcionaria, pois, pelo fato de apreciar e ter algum conhecimento a respeito, não significa que eu seja um bom executante, um bom par.

– Mas insistimos e correremos o risco – acrescentou uma terceira, falando com afetada agitação.

Sentindo em todos uma atitude deliberada no sentido de me deixarem em apuros, entre o cavalheirismo exigido e minha deliberada postura, tentei, com cuidado, encerrar aquele assunto sem constrangimentos nem desfeitas imperdoáveis na sociedade de então.

– Eu me sinto profundamente honrado com tal deferência; no entanto, não devo falhar com os compromissos com os embaixadores, daqui a pouco. Não devo decepcioná-los, fugindo do encontro previamente marcado e não devo decepcioná-las ao interromper, deselegantemente, o prazer da dança bem no meio de sua alegria.

Julguei que iria acabar com aquele assunto das danças, ao colocar em evidência o compromisso com os embaixadores do Vaticano.

Meus novos amigos pareciam se divertir em me colocarem em aparente dificuldade e, para tanto, usavam as senhoritas a fim de que eu não tivesse escapatória e demonstrasse o meu constrangimento, o que, até agora, não acontecera. Se

O Cardeal

eu recusasse, seria grosseiro e indelicado e, se concordasse, iria contra meus propósitos.

Madalena, a primeira delas, a que parecia a mais persuasiva, insistiu:

– Sou muito persistente, pois saiba que sou de Toledo e os de lá têm essa característica.

– Eu percebi, senhorita, e esta é uma grande virtude – respondi, pois eles estavam dispostos a me encurralar. Eu estava passando por um verdadeiro teste. E Madalena prosseguiu:

– Achei a solução! O amigo não terá maiores preocupações, pois meu pai tem excelente relacionamento com os embaixadores e pedirei a ele que interceda em nosso favor...

– Em que sentido? – perguntei, escondendo uma sensação de alarme, embora com voz e fisionomia tranquilas.

– É muito fácil...

Nesse ínterim, Villena, parecendo não concordar muito com aquele tipo de pressão, acrescentou:

– Acho que não devemos insistir, pois os enviados do Vaticano são muito ocupados, têm seus afazeres e compromissos e, talvez, não possam deixar de convocar o nosso novo amigo.

– De forma nenhuma! – continuou Madalena, imperiosa, embora sorridente. – Eles compreenderão que meu pai não faria uma solicitação se não fosse importante. Poderão se reunir em outro momento, não é mesmo?

Eu sorri, o que não fazia há muito tempo, pois me acudiu uma boa ideia.

– Não há necessidade de preocupar o seu pai ou os embaixadores. Eu aceito! – exclamei com firmeza.

A surpresa foi geral. Não contavam com aquela resposta e daquela maneira. Os rapazes ficaram espantados e as senhoritas se agitaram alegres, batendo palmas. Via-se claramente que elas passaram a se divertir com a frustração dos três.

— Aceita, de verdade? — espantou-se Aguillar.

— Sim, meus amigos — continuei com tranquilidade. — Não devo recusar o convite sem ofendê-los; eu não me perdoaria.

— E o encontro com os embaixadores? — perguntou Villena, um tanto preocupado.

— Bem, eu concordo com todos porque sou apenas um contra tantos argumentos, entretanto, por equidade, gostaria de colocar algumas condições.

— Concordamos, sim! — responderam todos.

Eu me recordei de que, apesar de postulante, eu ainda não fizera os votos definitivos e, embora os costumes, na prática, já me colocassem com isenção da participação das coisas mundanas, eu detinha o direito de aceitar, sem mentiras ou enganos, e continuei:

— A fim de não faltar ao compromisso inadiável, o que seria grave falta e ausência de ética, e respondendo ao Villena, eu estarei com aqueles emissários. Perderei a galharda, a quadrilha e o troto; contudo, ficam com inteira liberdade de me chamarem, e eu atenderei, com as devidas desculpas aos embaixadores, no momento em que forem dançar o saltarelo, pois imagino que os nobres da corte o conheçam, à larga. Terei imenso prazer. No momento do saltarelo, por favor, me convoquem e eu virei, com alegria!

Como o abade, de algum tempo me olhava de longe e, apesar de sua seriedade, parecia se divertir com a situação, eu aproveitei para acrescentar:

— Devo ir, por ora. Vejam, o abade me olha significativamente e acho que é este o momento.

O Cardeal

Fiz uma reverência, em cumprimento, e me retirei para ir ao encontro do meu mestre, acompanhado pelos olhares e todos.

Dessa maneira, eu contava com a vaidade deles e com o fato de o saltarelo, originário do sul da Itália, não ter chegado ainda à corte de Espanha.

Junto ao meu orientador me dirigi ao salão especial destinado à recepção dos embaixadores. Entramos. Lá estavam eles, de pé, em conversa com outros convidados signatários de alguns feudos importantes para o reino.

Ao ser apresentado, cumprimentaram-me formais, entendendo-me as mãos para que eu beijasse seus anéis.

Sentamo-nos e, por algum tempo, naquele círculo, assessorados por um dos ministros do rei, expuseram as pretensões da igreja, na Espanha, passo a passo, ouvindo o pensamento de todos, em diálogo franco e aberto.

O assunto principal era o combate à proliferação das heresias e a preocupação do Vaticano em assessorar e ser assessorado pelos poderes reinantes para a divulgação dos cânones estabelecidos pela santa Sé.

Eu permanecia em silêncio, admirado com a inteligência e o raciocínio rápido daquelas criaturas e, muito mais, com o profundo conhecimento da vida, da filosofia e da religião demonstrado pelo abade, meu mestre, num discurso, em pé de igualdade com os demais.

Eu me sentia insignificante, mas apresentava uma postura discreta, uma vez que ainda não havia sido convidado à conversação.

Comigo outros jovens postulantes ali se achavam e, até então, não sabia que eu seria o centro das atenções.

Quando a conversa tomou rumo mais ameno e se fez, naturalmente, uma espécie de hiato, um deles, o mais sisudo, dirigiu-se a mim:

— Então, meu jovem, temos sabido de seus progressos nos caminhos postulantes para a vida eclesiástica. Você reconhece que está preparado para isso?

A pergunta, feita assim de chofre, me assustou; contudo, olhando-o nos olhos, lembrando-me das recomendações do abade, respondi, evitando dizer 'não':

— Estou me preparando para isso, de modo que espero tornar-me digno das missões que me forem confiadas.

— Então, você não se acha em condições? — interferiu o outro, também de chofre, o que me fez esperar algum tempo para responder e isto deve ter chamado à atenção de ambos.

— As condições virão no tempo oportuno e quando o meu mestre julgar conveniente.

Os dois se entreolharam e percebi uma ponta de satisfação do abade com a minha resposta, tanto quanto uma espécie de amenidade em suas fisionomias tão impessoais. E continuaram:

— Aprecio sua posição humilde, mas sem pieguismo ou falsa postura, parecendo-me haver determinação em seu intento...

— Fico lisonjeado com essas observações, o que me leva a me sentir com maior responsabilidade na minha preparação, a fim de oferecer o melhor de minhas forças em favor da santa madre igreja e dos nossos soberanos Fernando e Isabel — notei que isso agradou, sobremaneira ao representante dos reis de Espanha, pelos indisfarçáveis sorrisos.

— Neste caso, você estaria colocando a igreja e o reino acima do Nosso Senhor Jesus Cristo!... — acrescentou o mais velho dos dois.

— Não, senhor! — respondi, propositalmente, enfático — porque a igreja é a legítima representante do Cristo, na Terra.

O Cardeal

– Em favor da igreja, ou seja, em favor de Nosso Senhor Jesus Cristo, o que você pretende fazer daqui para diante, além de se preparar melhor?

– O combate às heresias, penso que é a tarefa do momento – o que levou o segundo a acrescentar:

– Não seria a divulgação do Evangelho a prioridade do momento?

– Há séculos que isto é feito, com empenho e precisão efetivos...

– São caminhos paralelos e imprescindíveis... – interrompeu-me o segundo –... e saiba que estamos aqui, sob as ordens do santo padre para nos associarmos ao pensamento dos reis, suas majestades, Fernando e Isabel.

– Esta é uma notícia prazerosa! – exclamei interessado.

– Mas há muita gente contrária aos nossos métodos de trabalho.

– Com todo o respeito, senhor, espero contentar-lhe com resposta adequada, mais adiante, uma vez que seria ousado, de minha parte, ainda postulante, emitir qualquer opinião sem o aprofundamento necessário.

Não deixei de perceber o contentamento do meu predecessor e amigo, o abade, pelo repentino silêncio que se fizera ante minha inesperada resposta.

O frei mais velho prosseguiu, intercalando questionamentos com afirmativas e comentários que me exigiam atenta participação. Ele era inteligente, sagaz e metódico, camuflando sua postura de questionador, dando aspecto de diálogo ao que era, na verdade, uma sabatina, um jogo calculado.

– As heresias avançam céleres...

– Realmente – comentei –, os antigos cátaros, os albigenses, e, hoje, os mouros, os judeus e os ciganos representam ameaças, não apenas aos valores da igreja no coração do povo, mas à unidade do reino.

– E esse avanço e essa ameaça poderiam representar uma tomada do poder reinante, é o que pensam alguns; você compartilha desse pensamento?

– Não, senhor! Mas, com a propagação de suas ideias e filosofias contrárias ao cristianismo orientado pela santa madre igreja, o reino se enfraquece e se divide, colocando-se à mercê de qualquer nação que queira ampliar seu poderio à custa de outros reinos.

A conversação prosseguia interessante e, de alguma forma, com gradativa pressão sobre mim, por dois freis investidos da autoridade de embaixadores do santo padre. Eu tinha consciência disso.

Em dado momento, o frei mais velho me perguntou, após afirmar que estavam redigidos os termos do acordo entre a igreja e os reis de Espanha para combate às heresias:

– Você não questionou quanto aos métodos adotados no combate às heresias, por quê?

– Primeiro, em virtude da resposta anterior, ou seja, de não estar ainda pronto para uma posição mais esclarecida, e porque acredito, mesmo sem conhecer os detalhes, sejam quais forem os métodos, estes obedecerão a um fim nobre, fruto da inteligência, da fé e da fidelidade ao santo pontífice.

– Mesmo que para muitos, contrários aos princípios do cristianismo?

– Acredito, senhor, que estes outros estão distanciados da inspiração divina concedida ao papa.

– Veja bem – acrescentou o interlocutor –, no combate às heresias estão previstos os chamamentos à ordem, o aconse-

O Cardeal

lhamento, o julgamento do santo Ofício, as condenações... E essas condenações não excluem os... *corretivos físicos...* – reticenciou ele, acentuado a expressão 'corretivos físicos'.

– Os corretivos físicos – observei, com seriedade, uma vez que forçavam saber a minha opinião – se justificariam para a humilhação do corpo pela dor para a exaltação da alma...

– Você conhece os métodos adotados para esse tipo de correção?

– Não conheço – respondi, simplesmente.

– Pois bem – prosseguiu o mais velho –, esses castigos vão desde os longos interrogatórios ao uso de equipamentos que provocam dores e, para os julgados bruxos e adoradores do diabo, até a fogueira... isto, para alguns, é contra os preceitos de Nosso Senhor Jesus Cristo.

– Recordo-me, senhor – respondi a meu turno – de que Nosso Senhor Jesus Cristo fez referências à mansidão das pombas e à astúcia da serpente, teceu um chicote para dispersar os profanadores do templo e chamou a outros raça de víboras, prometendo a outros tantos a condenação pelo inferno. Acrescentou que a ninguém deixaria órfão e hoje a igreja é o seu maior legado à humanidade. Assim sendo, concedeu a ela todos os poderes para as ações em Seu nome. A Ele, portanto, a mansidão das pombas e, à autoridade de sua igreja, a astúcia da serpente. Portanto, àqueles que queimarão no fogo do inferno não há diferença em que sejam queimados desde já!

Às minhas últimas respostas ditas com certa veemência e entusiasmo, eles silenciaram e pareciam meditar a respeito do que iriam dizer, em seguida, cabisbaixos e com a mão apoiando o queixo.

Olhando de soslaio, percebi meu querido instrutor, o velho abade, olhando-me longamente e de modo estranho. Não consegui interpretar aquele olhar tão profundo. Parecia-me vê-lo com admiração, sem espanto, e um ar de piedade; sim, parecia um olhar de imensa piedade, mas eu não soubera entender por quê. Ora parecia perdido pelo espaço, ora a me devassar. Aquilo me deixou impressionado.

O frei mais velho, que sempre tomava a iniciativa dos assuntos, me interrompeu as reflexões para abordar com tranquilidade:

— Parece-me que seu entusiasmo transcende à vocação, estarei correto? — sei que foi uma pergunta de provocação; contudo, para compreender melhor sua intenção, respondi com outra pergunta:

— Como vocação? Desculpe-me, não alcancei, de pronto, o objetivo de sua pergunta...

Levava-me ele para outra direção, de forma deliberada, ao tocar no assunto vocação. Por certo havia algo em sua mente para reconduzir o diálogo.

— Sim, meu jovem, a vocação é um fator primordial para qualquer empreendimento dessa ordem. O seu entusiasmo, argumentos, raciocínio rápido e emoção não conduzem fatalmente a um índice de vocação.

— Permita-me, senhor, com todo o respeito, perguntar o porquê dessa abordagem, e dessa forma tão incisiva e com tanta certeza.

— Não estou fazendo afirmações que se configurem como certezas; são apenas considerações em uma conversa informal — recuou ante minha investida, ao que ele prosseguiu de forma mais conciliável. — Devo-lhe dizer que abordarei assuntos que lhe dizem respeito e de caráter muito pessoal; contudo, em nossa ordem, a dos dominicanos, não existem assuntos pessoais, mas de toda a nossa coletividade para a manutenção da unidade, segurança e preservação contínua,

O Cardeal

e tudo indica que o seu perfil é adequado para a ordem dominicana.

"Chegou-me ao conhecimento que sua presença no aprendizado apostolar foi motivada por dois fatores: sua família optou por colocá-lo a serviço da igreja por imposição, embora com intenções nobres de servir, levando-o a abrir mão da progenitura em favor de seu segundo irmão. O que você tem a dizer a respeito? – perguntou-me o frei, olhando-me nos olhos, incisivo.

Eu fiquei tentado a desviar meu olhar, contudo, mantive-me fixo no dele, com segurança, apesar dos saltos do meu coração. A situação era crítica, pois não podia incriminar a minha mãe se concordasse com ele, nem poderia me defender, expressamente, condenando-me a concordar com a minha possível falta de vocação, porém, respondi:

– Minha família sempre foi fiel à santa madre igreja e acreditou oferecer, como sacrifício, o que ela poderia considerar valioso. É verdade que, na minha condição de jovem, de início, não poderia compreender isso; porém, ao contato com a sabedoria do meu mestre, hoje sei, com segurança e convicção, que este é o meu caminho.

O frei pareceu meditar, um tanto surpreso, e, depois de alguns segundos, voltou àquela postura anterior de que entre os dominicanos não havia nada secreto, e prosseguiu sem se preocupar com tantas testemunhas ali presentes. Era, realmente, um teste vigoroso a que me submetia.

– Há outro fator de grande relevância que não se pode desconsiderar.

Estremeci; o que viria agora, pensei? Aguardei, enquanto ele fazia um silêncio forçado para dar maior dramaticidade, e asseverou:

Walace Fernando Neves

– Quero crer que sua vocação está vinculada a um sentimento de fuga, não é verdade?

Olhei-o no rosto com insistência e afirmei:

– Não tenho como responder, uma vez que não sei o significado de suas palavras.

– Refiro-me ao seu relacionamento com Bernadete, a camponesa. Parece-me muito conveniente o seu desaparecimento depois de uma convivência desde a infância, que prosseguiu pela adolescência, sem falar na coincidente presença de seu tutor, o abade, postulando a sua futura condição de prelado da igreja...

– Realmente – respondi de imediato, uma vez que as ideias fluíam-me rápidas –, a jovem plebeia fez parte de minha convivência, desde a infância, e não nego que os afetos naturalmente desenvolvidos se ampliaram na ordem natural da vida – e afirmei: – Como o senhor não desconhece, não é mesmo? Todavia, uma força maior, a da convicção aliada à fé, anulou e apagou quaisquer resíduos de vínculos afetivos. A propagação do *Evangelho* e o combate às heresias crescem em mim e superam as ansiedades e fantasias próprias da juventude.

Falei enfaticamente, deixando-o novamente em silêncio, mas eu sabia, intimamente, que haveria algo mais. Ele não pararia por aí. Eu me achava extenuado.

Para minha surpresa, o frei mudou bruscamente de assunto; coisas triviais do dia a dia da sociedade vieram à baila: a política, a vida social, os problemas populares, o lazer. Isto para mim se configurava como estratégia, pois havia algo mais em sua mente, conservado para o momento propício. Meu tutor, o abade, observava tudo em silêncio, com estranho olhar, ora perdido e sem direção, ora diretamente para mim. Eu percebia certa tristeza e, ao mesmo tempo, preocupação.

O Cardeal

O frei, por sua vez, do mesmo modo repentino que mudara de assunto, voltou-se em minha direção:

– Voltemos a falar da santa inquisição. O que você sabe a respeito dos prováveis inquisidores designados pelo Vaticano? Pergunto a respeito de sua opinião e, sim, se você conhece algum.

– Pessoalmente não, senhor, mas já ouvi sobre o frei Tomás de Torquemada.

– Você pode fazer sobre ele algum juízo, alguma apreciação?

– Em coerência ao que já disse sobre o combate férreo às heresias, tenho profunda admiração e respeito por ele e seu propósito sincero e firme de vigorosa e rigorosamente expurgar do mundo as artimanhas dos bruxos e ledoras de sortilégios a serviço do príncipe das trevas, para a perdição da humanidade. Tenho esperanças de que ele se torne o paladino desta verdadeira guerra santa. Considero-o um espelho, um exemplo! – asseverei com profunda sinceridade na voz e na emoção que deixei transparecer.

– Você gostaria de conhecê-lo um dia?

– Seria um prêmio para as minhas aspirações.

– Vamos aguardar, quem sabe, um dia... – e novamente o frei voltou às trivialidades. Parecia alegre e até, de certa forma, loquaz. Entabulei conversa com outros jovens postulantes que se admiraram de minhas respostas – alguns chegaram a achar que eu teria sido desrespeitoso. Em dado momento, o frei bateu palmas para chamar a atenção de todos e do serviçal que se encontrava de guarda à porta da sala de recepções e, ante o silêncio geral, ele falou:

– Precisamos nos dessedentar! Por favor, tragam o vinho e mandem entrar a serviçal com uma caneca para mim e outra para o jovem postulante. Vamos brindar às nossas aspirações!

As portas se abriram de par em par e, dentre os copeiros, entrou uma serviçal do palácio com duas canecas de vinho numa bandeja de prata. Veio devagar, sem pressa e cabisbaixa. Entregou uma ao frei e abaixou-se um pouco para que eu pegasse a minha. Levantei os olhos para agradecer, pois sempre tratei os serviçais com respeito. Nossos olhares se cruzaram e, à minha frente, a dois palmos de distância, estava Bernadete. Sua surpresa foi tão grande quanto a minha. Vi seu rosto empalidecer, emoldurando a beleza de seus olhos cor de mel, grandes e lúcidos, a pele clara e a seda dos cabelos caídos pelos ombros. Seus olhos se iluminaram por intensa alegria, que logo se desvaneceu para dar lugar à expressão de dor e de imensa amargura. Olhei para os lados e observei o velho abade sério e pensativo, cofiando a barba esbranquiçada. Não vi o frei, por se achar às costas de Bernadete. Admirando aqueles olhos tão amados, ligeiramente umedecidos por lágrimas contidas, a custo revi nossa infância feliz e descontraída, os trâmites da adolescência descuidada, correndo felizes e inocentes pelos bosques, riachos e vinhedos de nossas terras. Depois, a explosão do amor em nossas almas tranquilas, apesar da minha condição de nobreza e a dela de plebeia, o que pouco nos importava. Depois, a brusca separação seguida das artimanhas de minha mãe. Sempre a minha mãe!

Ela ligeiramente recurvada estremeceu e a caneca de vinho tombou da bandeja e virou sobre mim. Eu saltei para me livrar; contudo, todo o seu conteúdo caiu em cima de mim. Eu permaneci de pé e ela, como serviçal, ajoelhou-se, chorando e pedindo perdão pelo seu descuido, tremendo de medo.

– Não quero mais vinho! – falei colérico, conseguindo disfarçar a emoção, com voz firme. – Retire-se daqui! – insisti com austeridade, como convinha à minha classe social. Ela se desculpou, mais uma vez, e se retirou visivelmente envergonhada.

O frei se aproximou e, em tom quase sarcástico, perguntou, em voz alta para que todos ouvissem, confirmando minhas suspeitas de que ele guardava uma última investida:

– Surpreso, meu jovem?

– Sim e não, senhor! – respondi, de forma que todos ouvissem.

– Sim e não? – perguntou interessado.

– Surpreso pelo inesperado banho de vinho que identifiquei como o melhor de nossos vinhedos, um grande desperdício e, sem surpresas, porque esta serviçal continua desajeitada. Não mudou nada desde os tempos em que viveu em nossa herdade – e consegui sorrir convincente.

– Vejo que além de tudo você tem bom humor.

– Cada momento tem seu próprio sabor, senhor, e este episódio serviu para quebrar um pouco a seriedade de nossas elucubrações. Já não mais estou aborrecido – acrescentei, sorrindo novamente para todos, levando-os a sorrirem também com descontração.

O frei se mostrava contente com minhas atitudes.

Tudo parecia terminado, pois o frei se levantou para conversar com outros convidados e os demais também se levantaram, interagindo numa espécie de confraternização. O momento exigia isso.

Meu coração disparava num misto de dor e de indignação. Sim, mais uma vez percebi a minha mãe agindo nos bastidores da vida, manipulando, dirigindo, ordenando. Tudo havia sido preparado para que o direcionamento de minha vida, daí para diante, se tornasse irreversível.

Durante a rápida recepção dos reis católicos, Fernando e Isabel, no grande salão, vi com que deferência os representantes do papa eram tratados pelos reis, quase que com submissão, e compreendi a sua força. E eu os enfrentara.

Horas depois nos reunimos com meu pai e minha mãe para as despedidas, pois meu pai deveria ficar em palácio por questões de ordem política e burocrática.

Já anoitecera quando alcançamos a carruagem no pátio iluminado por muitas tochas e fomos abordados por um dos oficiais do palácio com o convite do rei para que, em virtude do prenúncio de tempestade, naquela noite, pernoitássemos no palácio. Não podíamos recusar um convite real, além do que, os trovões pareciam cada vez mais perto. Por certo, conjeturava eu, toda a sociedade ficaria sabendo. Minha mãe se encarregaria disso e concluía, também, que ela, aliada àqueles embaixadores, adquirira um poder sub-reptício inigualável. Somente assim eu poderia compreender o convite para o pernoite.

A noite pareceu mais longa do que qualquer outra. Eu estava muito cansado pelas tensões da conversação e pela surpresa visivelmente planejada da presença de Bernadete. Meu cérebro ardia e meu coração não cabia dentro do peito; todavia, pelo exercício diário de autodomínio e de autodefesa para resistir às profundas frustrações e condicionamento à nova situação que a vida me havia imposto, ou melhor, que minha mãe me havia imposto, consegui adormecer, mesmo ao som dos trovões e da chuva torrencial que desabara e aos rasgões que os raios abriam nas nuvens.

Acordei às primeiras horas da manhã que surgira ensolarada e límpida, e, após breve desjejum, tomamos a carruagem para o retorno.

O Cardeal

Minha mãe, eufórica, falava sem parar, satisfeita com os resultados de nossa presença na corte. O abade respondia, a contento, para manter a conversação, e eu, em meu mutismo, respondia monossilabicamente e, num esforço muito grande, procurava estabelecer alguma comunicação para descobrir o que realmente acontecera.

– Minha mãe, você é muito sagaz! – falei para exaltar a sua vaidade.

– Isto, meu filho, é um dom que ninguém me tira ou tem melhor do que eu. Você percebeu, meu filho, há muito tempo?

– Sim, só não compreendi como!

– Há muito tempo que venho articulando sua ascensão para a vida eclesiástica, associada às benesses palacianas. Ali está o nosso futuro.

– Como isto é possível, minha mãe?

– Muito fácil. Por influência de alguns amigos de prestígio, nobres também, e com situação financeira difícil, semelhante à nossa, cheguei aos representantes do papa. Mostrei-lhes o seu valor e potencial, seu empenho em combater as heresias e, sobretudo, a tutela do nosso estimado abade.

– Até o meu predecessor está envolvido em suas tramas? – falei de certo modo ríspido, contendo a minha ira. A esta pergunta, o abade olhou-me de modo significativo sem nada dizer; porém, ela se adiantou, sem o menor escrúpulo para falar tudo, abertamente, usando da autoridade conferida a pessoas de sua nobreza:

– Ele não sabe de nada, é bom e humilde demais para perceber o jogo do mundo e se envolver com as intrigas da corte. Eu o escolhi pelo seu parentesco com o papa. Embora não faça uso dessa prerrogativa, todos o consideram por isto, e ninguém melhor do que ele para tutelá-lo, por sua sabedoria e pela importância dessa titulação sem limites.

– Então, minha mãe, tudo não passou de uma trama!...

– Tramei e continuo articulando. Coisas dessa natureza não podem se encerrar de uma hora para outra. Você está no início da carreira que abri para o seu futuro e para nós. Foi-nos difícil chegar aos emissários e o fiz por intermédio de outros tantos falidos como nós, mas com prestígio. Com algum dinheiro, seu pai demonstrou uma posse que não possuímos e as pessoas gostam de ver ostentação. Com sua ascensão e o beneplácito dos freis inquisidores, já usufruímos de uma posição invejável no seio da nobreza. Todas as portas já se nos abrem. Veja, por exemplo, o convite do rei para hospedarmo-nos em palácio. A igreja tomou vulto aqui na Espanha, principalmente em Leão e Castela, onde você estará inserido.

– Mas a senhora me usou e ao nosso querido abade. Onde ficam os princípios do cristianismo e da igreja, com sua hegemonia no mundo? – inquiri, estarrecido, ao que ela respondeu com certa ironia:

– Ora, meu filho, não seja ingênuo e idiota. Então, você acha que a igreja está preocupada com a cristianização e que o rei e a rainha pensam em favorecimentos no céu, por sua posição católica, sob as pretensas bênçãos do papa? O poder é sempre o poder e não podemos perder esta oportunidade...

– E o abade, e a família de Bernadete, isto não conta?

– O abade aqui conosco há de compreender, pois, como verdadeiro cristão que é e pelos dotes de santidade que lhe são próprios, não faz questão de bens terrenos, mas nós, os nobres, temos que ficar acima dessas contingências, e a Bernadete... Ah! A Bernadete, inocente menina, mas muito pretensiosa ao pensar que poderia se unir a nós. Não se enxergava...

O Cardeal

– Mas ela não tinha essa pretensão, minha mãe; sua simplicidade e inocência não o permitiriam...

– Ela, sim, era inocente, mas você não escondia suas pretensões de uma união plebeia. Impossível! Mas não se preocupe em demasia; despachei-os da noite para o dia e, quanto a Bernadete, coloquei-a para servir na corte. Viu como eu sou boazinha?! A família está amparada.

– A senhora minha mãe é muito boa, boníssima até, mas nas artimanhas...

– Nisto eu concordo com você. Seu pai é um bobo alegre e só sabe pavonear-se. De certa forma, isto ajuda para a manutenção das aparências; no entanto, eu é que sou a cabeça da nossa casa – e, em tom extremamente autoritário acrescentou: – Aprenda isso de uma vez por todas: agora, diante da declaração pública de seus propósitos junto à igreja, sua vida está definitivamente determinada e selada. Aprenda mais com a minha experiência: tire proveito de tudo, inclusive da sua raiva, ou melhor, do ódio que você sente desse estado de coisas, sem retorno. O ódio, a nosso favor, é uma arma poderosa. Mais tarde você me agradecerá. Você será forte, poderoso, e eu estarei ao seu lado, invariavelmente. E jamais poderá se livrar de mim, como está pensando agora...

– Sim, minha mãe – acrescentei num estado de profunda lamentação –, o ódio assomou ao meu coração e ferve em minha mente.

– Isto mesmo, eu gosto disto. Quanto mais ódio, mais força... quanto mais força, mais poder... quanto mais poder, mais perto eu estarei para alimentá-lo em sua nova vida, porque sem isto você morre à míngua por não poder voltar atrás e não saber como seguir adiante. Assim será sempre o meu filho e essa união indestrutível.

Os olhos dela brilhavam ao falar com fervor e segurança, com gestos firmes e incisivos. Enquanto isso, o velho abade permanecia sereno, com imensa piedade e brilho úmido no olhar.

Ela parecia ter razão, pois penso que não me consumi naquele momento por causa do ódio que invadira meu coração profundamente dolorido.

Minha mãe, por fim, colocou tudo às claras, suas diretrizes, seu propósitos e, o que era mais sério e que eu reconhecia como verdade: a minha impotência ante seu domínio sobre mim.

Tentei bloquear minhas emoções e deixei de ouvi-la para não tomar uma atitude drástica diante de seu sarcasmo. Entreguei-me ao mutismo, durante o resto da viagem, até o momento em que deveríamos saltar e ela prosseguisse até a nossa herdade.

Pedi licença ao abade e me dirigi diretamente aos meus aposentos. Um turbilhão infindável de pensamentos desordenados invadiu-me a mente. Eu estava a ponto de enlouquecer e gritar, quando leves batidas na porta indicaram a presença do meu velho amigo. Autorizei-o a entrar e assentar-se na cadeira ao lado do meu leito.

Ali ele permaneceu em silêncio, respeitando o meu mutismo. Parecia orar e sua atitude paternal e de profunda compreensão foi aos poucos me conduzindo à calma e à serenidade.

Depois de algum tempo, eu me recostei no espaldar da cama e, mais tranquilo, o encarei, o que o levou a perguntar, no momento em que achou conveniente, com bondade:

– Você sabe o nome do frei que o inquiriu, pois foi omitido por todos por ordem dele, propositalmente?

O Cardeal

— Não, senhor! E é curioso que ele não se tenha apresentado e, no calor da discussão, não me ocorreu perguntar o seu nome.

— Qual o seu sentimento com relação a ele, meu amigo?

— Registro um sentimento de admiração e respeito por sua inteligência e sagacidade — respondi com sinceridade, já mais controlado.

— Mesmo com a culminância do conluio com a sua senhora mãe da presença da moça Bernadete para testá-lo?

— Mesmo assim. As atitudes de minha mãe não têm perdão; no entanto, cabia a ele fazer o que fez, pois não havia nenhuma relação entre nós para que me conhecesse, a não ser a que se estabeleceu a partir de então, em função dos nossos mútuos propósitos. Mas, diga-me, senhor, se não estou enganado, vejo-o o tempo todo com rugas de preocupações.

— Sim, meu filho, temo por você, pois vejo, e digo com toda a certeza, marcado em suas palavras e atitudes, o rancor que surgiu em razão da dor e do sofrimento, da frustração e do vazio na alma, e isto há de interferir no seu senso de julgamento e destino, na construção do seu futuro, que deveria ser de paz e de confiança.

— Tem razão. Não obstante a amálgama de sentimentos, levarei em conta os objetivos, que agora são meus, formulados em nome da igreja, e hei de cumpri-los.

— Com todo o amor e respeito às finalidades da igreja — acrescentou o abade percebendo o meu pensamento —, muito acima estão os propósitos do Pai e tudo devemos fazer em nome do Pai...

— Penso, abade, que, em nome do Pai ou em nome da igreja, as ações serão as mesmas, pois ambos se confundem num só.

O abade meditou por algum tempo e, não desejando acirrar a discussão que poderia enveredar por um caminho polêmico, acentuou:

– Meu amigo, você se portou muito bem em palácio. Sua postura sincera e honesta, sua simplicidade e cultura conquistaram a todos. São méritos seus. Os nobres ficaram impressionados e já o acolheram em seu restrito círculo de convivência. Penso que daqui para adiante você deverá retribuir com a aceitação de convites que lhe fizerem. São jovens como você e poderá construir bons laços de amizade, resguardando-se, é claro, de suas vidas mundanas.

– Compreendo, senhor, e fico feliz com seu alerta. Estarei atento... Mas, por favor, diga-me, quem é aquele frei?

E o abade respondeu, para minha estupefação:

– Nada mais nada menos que o frei Tomás de Torquemada.

Após algum tempo de conversação, silenciamos. O abade pousou sua destra sobre minha cabeça, em tom paternal e amigo, e silenciosamente saiu do quarto, fechando a porta atrás de si.

Sua presença amiga tinha o dom de me acalmar e foi o que aconteceu permitindo-me pensar com serenidade. Ele temia por mim, e não sem razão, ao me oferecer abertamente as suas conjecturas.

Mostrara-me que muitos haviam ascendido ao poder numa época de absolutismo e, sem limites, usufruíram de suas prerrogativas para usurparem, exercerem vinganças, dominarem os outros por sua força política ou eclesiástica, ou ambas agindo em conjunto. E tinha razão, pois eu percebi que minha timidez e inocência haviam sido varridas, como se uma enxurrada avassaladora surgisse do nada e arrastasse consigo todos os valores da vida antes cultivados. Algo que

O Cardeal

se ocultava sob o manto da inocência havia aflorado e, como tantos outros, eu poderia me tornar executor de minhas próprias frustrações e exteriorizar a fera enjaulada, libertando-a.

Eu já possuía as portas destrancadas para que o poder, a caminho, viesse às minhas mãos. E agora detinha todas as justificativas do mundo, considerando-se a trama que se desenrolava à frente do meu entendimento.

Revoltavam-me as ações de minha mãe, imiscuindo-se na vida de tantos para alcançar seus objetivos de poder pessoal, principalmente o financeiro. Traziam-me imensa dor suas articulações políticas com os nobres, após o alijamento de minha vida daquela que seria a maior razão da minha existência, Bernadete, a desarticulação daquele lar feliz, enviando-a à corte como serviçal, a fim de que se colocasse no seu devido lugar, e seus familiares para regiões desconhecidas. Encheram-me de estupefação a visível manipulação da bondade do meu amigo, o abade, a busca do destaque em sua posição social, a todo custo, na corte, além do meu envolvimento, seu próprio filho, no jogo de suas ambições numa atitude puramente materialista sob o acobertamento da igreja e, indevidamente, em nome do cristianismo e de Nosso Senhor Jesus Cristo.

Na verdade, agora, eu seguiria a vida traçada por ela, inevitável, irreversível, e me concentraria nesse mister.

Fiquei sabendo que em breve eu seria ordenado e, por influência do frei Tomás, sem passar pelos trâmites do noviciado, com a justificativa de que teria pressa em montar sua equipe, possuindo da santa Sé, quanto dos reis de Espanha, carta branca tanto. A seguir, eu iria para Granada, Córdoba, Leão ou Castela assumir as funções que me fossem ordenadas. E eu as atenderia de corpo e alma, com toda a dedicação e eficiência possíveis. Haveria de me colocar, com toda a fidelidade, a serviço da santa madre igreja, sob o comando do frei Tomás de Torquemada, por quem nutria grande admiração. Assim eu me decidira, com ele eu serviria à igreja como designado pelo divino poder do papa e pelo temporal poder dos reis. O que eu não sabia é que, mais tarde, eu serviria a mim mesmo.

Os dias se passaram com sensação de lentidão ou sem maiores significados após minhas últimas experiências.

Inúmeras vezes fui visitado pelos nobres com os quais tive contato em palácio: Aguillar, Villena e Palmas Corrientes. Tornaram-se meus amigos, sempre muito falantes, em contraponto à minha postura de manter discreta distância, com relação aos assuntos de estrita intimidade.

Pude observá-los detidamente. Possuíam, em sua vitalidade, a loquacidade e falácia próprias dos jovens, mas eu os via além do que procuravam aparentar, muito mais profundamente: inteligentes, disfarçados de doidivanas, alegres, contudo sagazes e determinados.

Apesar da amizade espontânea que me devotavam, eu percebia que, semelhantemente à minha mãe, havia objetivos, em oculto, com vistas a algo mais adiante. De tudo tiravam proveito, de cada fato ou de cada palavra, o que denotava ganância. Outros nobres se aproximaram por intermédio dos três e, de certa forma, formávamos um grupo em que, embora na diversidade de atitudes, opiniões, conceitos, pensamentos e palavras, parecia haver uma intenção comum, não muito definida para mim, porém implícita para eles. Todos eram politicamente poderosos, predominantemente meus três amigos. Eu percebia, ainda, ser o centro das atenções e dos interesses.

O Cardeal

Na intimidade, na eloquência daqueles poderosos, eu tomava conhecimento de tudo o que acontecia na sociedade, na nobreza e na plebe, e catalogava e arquivava os fatos em minha mente, na intuição de que me seriam úteis, no futuro, para ação e autodefesa, em virtude da vilania, da falsidade e traições próprias dos ambientes nobres.

Construí o hábito de extrair informações sem que se apercebessem dos meus interesses, como se, de certa forma, eu fosse convincente, sem, na verdade, nada oferecer, permanecendo incólume. Aprendi a administrar a sua vaidade e eles gostavam da bajulação e da exaltação de seus falsos valores. Um jogo em que eu sempre levava a melhor.

Como previsto, a minha ordenação não se fez esperar; assim, eu e o meu amigo abade nos transferimos para Granada, inicialmente. Durante algum tempo, muitas viagens se fizeram necessárias, sempre sob a supervisão do frei Tomás. Transitamos entre Granada, Castela, Leão e Toledo, à guisa de estágios para conhecimento e registros das realidades locais, no campo das heresias e seu progresso nas cidades, no âmbito do povo e da nobreza.

Minha mãe comprou uma casa senhorial e de aspecto nobre, de conformidade com sua posição social, próxima à abadia onde me instalara. Ela sempre me surpreendia.

6. Despedida

Alguns anos se passaram. Apesar de me sentir ainda jovem, percebi que minha fisionomia e postura física ofereciam expressão mais sóbria, séria e mais grave marcada pela adversidade e pela dor moral, conferindo-me aparência de mais idade.

Os laços de relações com os três nobres – Villena, Aguillar e Palmas – se estreitaram. Curiosamente, assim como minha mãe, por coincidência, estranha coincidência, fixaram moradia em Granada, embora tivessem suas propriedades alhures.

Interessavam-se, vivamente, como eu, pela política da corte e pela vida dos nobres. Adquiriram tal liberdade diante de mim, que seus comentários, críticas, maledicências e difamações eram comentados comigo sem quaisquer escrúpulos, a ponto de insinuar, sutilmente, haver interesse em que eu ficasse a par de tudo e de todos. Eles e minha mãe eram as ricas fontes de informações. Assim eu identificara os que simpatizavam com os hereges, os que eram contra a corte (embora soubessem disfarçar seus antagonismos), aqueles que enriqueciam ilicitamente, os ricos contrabandistas de vinhos, especiarias, tapetes e tesouros, aqueles que compactuavam com nações estrangeiras e até adversárias por interesse comercial.

Eu me transformara num arquivo vivo, discreto e silencioso, deduzindo que, num tempo não muito distante, deveria agir com liberdade sob os auspícios do frei Tomás, dos reis de Espanha e do próprio papa, e administrar recursos financeiros específicos para montagem e manutenção de homens sob meu comando. Assim, aos poucos escolhi os serviçais que possuíam condições de serem os mais leais, de preferência sem escrúpulos, para serem bem mandados. Não importava a sua procedência, desde que fossem leais e obedientes executores de minhas ordens e, naturalmente, em suas mentes obtusas, ordens da santa madre igreja, à qual em suas consciências estariam servindo, com o perdão de quaisquer de seus atos, fossem quais fossem. Eram sicários, esbirros temidos e odiados. Eu criara, à minha disposição, um pequeno batalhão de executores eficientes.

O crescimento da barba foi modificando quase que totalmente minha expressão facial. Eu era outro por fora e por dentro.

Encontrava-me a meditar a respeito da aceleração dos acontecimentos em minha vida, quando fui abordado por um lacaio do frei Tomás de Torquemada:

– Com licença, senhor! – apresentou-se, educadamente. – Sou emissário de frei e trago-lhe mensagem!

– De que se trata?

O Cardeal

– Ele o aguarda em sua cela, na abadia, após o anoitecer. Uma carruagem virá buscá-lo.

Ansiosamente aguardei a hora da entrevista, pois não atinava com o que poderia vir da parte daquele homem inteligente e imprevisível.

Não me escapou à observação a sobriedade do mobiliário lavrado em madeira de lei. De cabeça baixa, frei fazia anotações com uma pena de ganso com base encastoada em prata e permaneceu assim quando o saudei, mas me respondeu:

– Sente-se, frei, seja bem-vindo. Logo conversaremos.

Minutos depois, pousou a pena no descanso do tinteiro também ornado de prata polida e cinzelada, uma obra de arte, e acrescentou:

– Pois bem, vamos aos assuntos!

– Senhor – respondi sem titubear –, estou à sua disposição!

– Não é necessário me chamar de senhor; diga apenas frei, pois o sou tanto quanto você, não importando, agora, a diferença das idades que nos separam no tempo. E, por favor, vá me interrompendo o quanto for preciso.

Era curioso ver um homem com aquela envergadura política, religiosa e prestígio fazendo-se igualar a mim. Olhou-me longamente nos olhos e falou sem quaisquer cuidados ao abordar diretamente os assuntos de seu interesse:

– Temos um longo, delicado e sério trabalho à nossa frente e você, no momento, é o único que preenche os requisitos para tal cometimento. Terá, naturalmente, toda a liberdade de recusar, sabendo, no entanto, que seria um grande desperdício por causa do seu potencial acumulado.

– Sou todo ouvidos, frei Tomás.

– Considerando os intrincados meandros do coração humano, sua ganância, interesses pessoais, egoísmos e tantas

Walace Fernando Neves

outras mazelas, sua posição lhe conferirá privilégios, prestígio e poder sem conta, todavia não aparecerá para o cenário do mundo, no bojo dos nossos planos, a fim de que possa ser o executor das ações da santa madre igreja. E, para que isso aconteça, deixaremos sempre pequena mostra de sua posição, de modo que paire, constantemente, uma incerteza quanto ao seu verdadeiro posto para manter permanente estado de tensão na mente de cada um.

"Caminhemos, um pouco, pelos jardins. A noite está tépida e agradável e lá poderemos expor todos os assuntos, com mais tranquilidade. Não serão escritos nem editados, mas ficarão em nossas consciências."

Perdi a conta do tempo que caminhamos pelas alamedas ajardinadas da abadia.

Frei Tomás segurava-me pelo braço como um pai amigo procede com um filho querido. Conversamos longamente. Ele falava com energia e convicção:

– Meu amigo, como você já sabe, as heresias avançam com celeridade, na Europa: os ciganos com suas crenças e rituais ridículos sem o alimento do cristianismo em suas vidas nômades e sem pouso, sem igreja; os judeus, inimigos do cristianismo e, creia-me, mesmo aqueles convertidos o são por tentarem ficar livres aos olhos da igreja, mas continuam secretamente com suas práticas farisaicas; são oportunistas, pois se convertem na palavra e não nos atos. Por sua índole e crença jamais se converterão, por aguardarem seu pretenso salvador, o Cristo que já veio e foi sacrificado por eles. Não são dignos de confiança.

– E o que dizer dos albigenses, senhor? – perguntei após uma pausa mais prolongada.

– Os albigenses, ou cátaros, foram o grande desafio do fundador de nossa ordem, são Domingo de Gusmão. Graças ao

O Cardeal

seu trabalho, nós os encontramos muito raramente nos dias de hoje. A doutrina cátara é perigosa e eles se igualam aos bruxos e adoradores do diabo. Pregam que a salvação individual é obtida pelo esforço próprio, esquecidos do sacrifício da cruz e da salvação pelo sangue do Cordeiro derramado no Calvário; não atentam para os rituais representativos da igreja e os preceitos canônicos, negam a existência das belezas do Paraíso, as torturas do inferno e pregam a volta da alma em novo corpo. Difundem absurdos sobre absurdos e isso é inadmissível.

"Nossa grande missão neste século é o combate, sem tréguas, até a total extinção destes males. Seremos os paladinos dessa obra divina, na Terra."

Eu o ouvia embevecido por sua eloquência e firmeza de palavras. Ao mesmo tempo em que demonstrava amplitude de visão de estrategista e segurança em seus propósitos, colocava-se como paladino e, ao mesmo tempo, me oferecia a honra de ser seu fiel escudeiro.

Refleti e decidi, em definitivo, romper com o meu passado e, houvesse o que houvesse dali para adiante, eu estaria a seu serviço, embora atuando nas sombras, oculto, mas vigilante. Era necessário que assim fosse. Achava-me orgulhoso de mim mesmo, deixando-me entrever entre as pontas visíveis da vaidade. Ele assim me colocara e eu assim me via.

– Antes de prosseguir, gostaria de lhe perguntar se há algo que deva esclarecer, com respeito ao que lhe tenho colocado – indagou o frei, com paciência na voz.

– Sim! – respondi de imediato. – O frei me afirmou que eu teria nos três novos amigos, Aguillar, Villena e Palmas Correntes, fortes aliados. De que maneira e por quê?

– Vejo que você é arguto, meu jovem, e há de convir que seus amigos, apesar da condição de jovens, são aproveitadores da vida como quaisquer indivíduos da sociedade atual, têm mente objetiva e prática.

– E como podem transformar-se em aliados?

– São sinceros em suas amizades, eu os conheço muito bem – acrescentou frei Tomás –; entretanto, são oportunistas como a maioria dos membros da corte, e os oportunistas podem ser dirigidos para os interesses mais nobres dos propósitos da igreja. Desejam ascender ou conservar sua ascensão, valendo-se do prestígio que têm junto à minha posição. Há uma troca de favores e de interesses. Posso até dizer que não têm escrúpulos. Apesar de sua juventude, pensam e raciocinam como criaturas experimentadas no jogo da política do mundo. Serão, consequentemente, seu braço forte na sociedade e já se sentem prestigiados por usufruírem de sua amizade.

– Devo considerar isso um elogio, frei, ou uma responsabilidade a mais?

– Embora você não saiba, seu nome já corre por toda a região, é respeitado e considerado por muitos como uma força poderosa, em potencial, por sua relação direta com a santa madre igreja e pelo relacionamento com a corte. Isto também se deve ao excelente trabalho de sua mãe, a meu pedido. Poderemos conversar mais tarde, a respeito, se lhe interessar... – reticenciou frei Tomás de Torquemada, aguardando uma resposta que não se fez esperar:

– Preferiria não tecer comentários a respeito, se lhe for conveniente, frei.

Buscando desviar do incômodo assunto, prossegui:

– Neste breve tempo de relacionamento, percebo que esses três nobres reconhecem a força da igreja e escondem abaixo da superficialidade de suas vidas a postura de indivíduos

O Cardeal

de interesses mais profundos, têm senso político muito forte e não deixarão de tirar partido de quaisquer situações em seu favor. Nossos interesses se mesclam, pois os ricos sempre desejam ficar mais ricos e é bom que administremos essa força...

Ao perceber que eu tecia minhas reflexões, o frei acrescentou:

– Não receie em colocar os seus mais íntimos pensamentos ou dúvidas. Sei que o que deseja me adiantar o preocupa por considerar ofensivo ou desrespeitoso. Continue! Prossiga!

– Por favor, responda-me: como compatibilizar os interesses mútuos igreja e estado, quando Nosso Senhor Jesus Cristo asseverou "a César o que é de César e a Deus o que é de Deus"?

– Cada vez o admiro mais, contudo, entenda que, à época do cristianismo nascente, Jesus não poderia se expor diante do domínio romano e da ação judaica. Hoje, o cristianismo é nossa herança, é um legado para os nossos dias e tem que contar com o apoio de 'César' para a sua propagação. Lembre-se de que, após a crucificação, o Senhor, não podendo contar apenas com os seus onze discípulos, recorreu ao grande são Paulo, considerando-o seu vaso escolhido para a propagação, divulgação da nova fé e fundação de novas igrejas; e é o próprio são Paulo que se viu na contingência de recolher moedas com sua força de convencimento, em nome de Jesus, para a igreja do Caminho.

– Nunca havia pensado nisso, senhor.

– Lembre-se, também, de que, se não fosse o expediente sob a forma de traição, Judas teria dado grande contribuição à tarefa tão séria e importante da propagação do cristianismo.

Após nossa longa conversa, frei Tomás se recolheu e eu permaneci por mais algum tempo entre as aleias do jardim.

A noite ia alta, a lua saíra do zênite e descambava, placidamente, para as bandas do oriente. Sua claridade suave e o perfume das flores noturnas trouxeram-me doce paz e me fizeram recordar dos tempos tranquilos da infância.

O luar intenso clareando o cascalho por onde eu passava fazia esmaecer, um pouco, o brilho das estrelas, naquele hemisfério onde piscavam as joias estelares do fim da primavera, sem, contudo, reduzir as cintilações da estrela Polar. Ao longe, o canto de uma cotovia, estranho àquela hora da madrugada, e eu pensava: "o que fez piar aquela avezinha tão delicada em hora tão diferente para o seu canto?" Eu me sentia como ela...

Apesar da tranquilidade, minha mente fervilhava. Recolhi-me, também, e somente consegui conciliar o sono de madrugada, quando adormeci em paz.

Despertei pela manhã, logo aos primeiros raios do sol, alegre e confiante, apesar de ter dormido muito tarde.

Após o desjejum, sentia-me fortalecido ante as perspectivas de ação pela qual ansiava ardentemente, depois do imenso estímulo trazido pelo frei Tomás de Torquemada.

Ele saíra cedo para curta viagem à província próxima e me deixou um recado a fim de que, naquela mesma manhã, eu fosse conhecer as prisões onde já se achavam confinados alguns hereges sentenciados e outros que aguardavam julgamento pelo santo ofício, com assentimento da autoridade secular.

Não sabia que muitas surpresas me aguardavam como testes para minha vida futura. A primeira delas foi a chegada de minha mãe, num coche, com uma carta do frei para me acompanhar até a prisão.

Segundo ele, era necessário e importante que a cidade nos visse juntos. Saímos e, curiosamente, à nossa presença no co-

O Cardeal

che, éramos saudados por todos, com reverência. Descobri que não era por minha mãe, mas por minha própria presença, pois já era conhecido sem o saber, mas estava longe de perceber toda a realidade que me aguardava nas prisões.

Ao chegarmos, minha mãe foi cuidar de seus interesses.

O prédio era de aspecto sombrio, apesar da manhã ensolarada, com poucas aberturas externas. Ultrapassei a pesada porta e lá me esperava Raul, o administrador, um homem alto e forte, de aspecto misterioso. Falando pouco, recebeu-me com gentileza, nos limites que o seu caráter permitia. Esclareceu-me que frei Tomás recomendara não me expusesse aos condenados. Eu supervisionaria tudo através de pequenas aberturas gradeadas nas portas das celas.

Senti que frei Tomás havia se antecipado e preparado novos testes que me surpreenderam.

A prisão ao nível do solo comportava várias celas gradeadas, onde se achavam reclusos ladrões comuns, endividados, criminosos de morte e toda sorte de excluídos da sociedade, inclusive algumas mulheres.

Em companhia de Raul, descemos ao subsolo por uma escada em curva, larga e de lajões de pedra, oculta por detrás das celas. O piso inferior ficava aproximadamente a oito metros abaixo.

Percorremos longo corredor com várias celas, algumas individuais, outras coletivas, de cada lado do mesmo, iluminado precariamente por tochas. O ambiente era úmido e nauseante.

Vi homens magros, esquálidos, cobertos por equimoses, mulheres desgrenhadas e sujas, com marcas de sangue ressecado na cabeça, nos braços e nas pernas, cobertas por andrajos, seminuas. Era uma verdadeira câmera dos horrores.

Nas alas coletivas, todos se achavam sob grilhões nos punhos e pés, sentados no chão ou quase dependurados nas paredes por causa das correntes curtas. Num compartimento maior, vi instrumentos de tortura em quantidade: a roda, os torniquetes, borzeguins e muitos instrumentos de cortes ou perfurantes afiados. Uma forja contendo ferros em brasa era alimentada por um homem tenebroso.

Gritos lancinantes e gemidos dolorosos revoltavam-me a alma, contudo, mantinha uma postura de serena e aparente calma, embora quase acometido por uma síncope, uma vez que o esbirro que me acompanhava disfarçadamente me observava, mas com viva atenção. Deduzi, de imediato, as ordens expressas do frei para análise e teste de meu desempenho e de minhas reações.

Numa cela bem mais ampla, encontrei homens e mulheres que identifiquei como nobres desaparecidos misteriosamente. Eu devia estar lívido, num misto de dor e estupefação. O espanto e o horror me calcinavam o peito e a custo controlava a normalidade da respiração, mas o coração parecia saltar.

Se o paraíso era no céu, ali era o inferno em vida.

Noutra cela coletiva, mais adiante, muitos prisioneiros eram submetidos a torturas por executores silenciosos. Homens de vestes sacerdotais, com Bíblias nas mãos, paramentados para confessionários, postavam-se diante daquelas vitimas da dor. Seus gritos não chegavam ao piso superior da prisão, mas me atingiam profundamente a alma.

"O que mais me aguardava?", pensei... "O que estaria, ainda, para acontecer?", pensei novamente...

Observei aquilo tudo com estupefação. Sempre soube existir tal coisa, contudo, jamais imaginei ver quadros infernais como aqueles.

O Cardeal

Raul, apesar de sua prepotência e aspecto aterrador, era extremamente subserviente, quase gentil, talvez diante de qualquer autoridade, e, naquele momento, a autoridade era eu. Mas isso não era o suficiente; deveria haver outros motivos, uma vez que atitudes opostas não podiam se mesclar.

Ao final daquele desfile de horrores, Raul falou quase num sussurro, de cabeça baixa, em sinal de profundo respeito:

– Senhor, o frei me disse para lhe prestar todos os esclarecimentos que me fossem solicitados...

– Sim! – respondi com a segurança que gostaria fosse demonstrada por minha disfarçada tranquilidade – Isto aqui é uma câmara de torturas e estão todos condenados à morte!...

– Não, senhor! – respondeu ele. – É realmente um local de torturas, mas não de mortes. Aqui não há essa condenação.

– Mas muitos sucumbem sob suas mãos!...

– Isso acontece, senhor, porque nem sempre resistem, e...

– ...e você nem lamenta, tem prazer nisso tudo!

– Na verdade, senhor, tenho prazer quando o resultado da tortura corporal redunda em confissão auricular, pois libertam suas almas de hereges. Aqui há bruxos, ledores de *buena dicha*, quiromantes, ledores de sortilégios... São comparsas do diabo. Mesmo que sucumbam sob minhas mãos, morrem libertos. Lamento quando, apesar das torturas, morrem sem a libertação, por não se confessarem.

– E as fogueiras?

– Aqui não há disso. Para essa condenação são levados para outros locais, uma vez que o fogo sempre purifica, quando antecipado pela confissão. Quando isso não ocorre, o fogo é nada mais nada menos que uma antecipação da fogueira eterna que deverão assumir na *Geena*. Aqui, senhor, creiame, estamos a serviço da igreja para a salvação de tantos e para impedir que as heresias se alastrem, arrebanhando mais almas para o sofrimento eterno.

A visita parecia encerrada, apesar de eu ter observado algumas outras celas fechadas, mas, pela atitude de Raul, não haviam sido disponibilizadas para a minha observação.

– Alguma pergunta a mais, senhor? – Raul falou, quebrando o seu mutismo.

– Gostaria de saber as razões que trouxeram os Hejeras para cá.

– Os Hejeras têm sido investigados pelo santo ofício há muito tempo e se verificou que abrigavam vários hereges em suas propriedades: judeus, ciganos, bruxos... E lhes pagavam regiamente pelos serviços de cavalariça, para cuidar do pomar, da lavoura, da ferraria e outros serviços, muito mais do que quaisquer nobres pagariam.

– Sempre soube que os Hejeras eram pessoas bondosas, amigas e generosas. Devo considerar, também, que qualquer nobre paga muito pouco ou quase nada pelos serviçais que recebem, e isto é notório.

– É verdade, senhor; porém, interrogados exaustivamente a respeito do abrigo a tais pessoas, declararam que o faziam em nome da caridade e de Jesus Cristo. Isto indicou uma posição em que se colocavam muito acima de todos, inclusive de sua santidade, o papa. Por isso estão aqui. Descobriu-se também o que ninguém nunca havia desconfiado, que eles têm suas origens entre os cátaros; daí sua simpatia pelos albigenses e a crença que adotam.

Raul me ofereceu uma cadeira, que aceitei, porque percebeu que me interessava prosseguir no diálogo.

– Continuando a respeito dos Hejeras, diga-me: eles tiveram julgamento justo e completo?

O Cardeal

– Senhor – respondeu com segurança –, o julgamento foi justo, embora sumário!...

– Como pode o julgamento ser justo, se foi sumário? – perguntei com espanto.

– A sua ascendência de albigenses bastou; não poderia nem deveria ser diferente. Essa descendência por si só os colocou na condição de réus confessos.

– Consta-me e sempre soube que os Hejeras eram muito ricos, com muitas posses de terras. O que foi feito desses bens? – questionei, olhando-o diretamente nos olhos.

– Todos os bens, senhor, de pessoas nobres nas condições dos Hejeras são confiscados. Os valores em bens reais, como ouro, joias e em moedas, são divididos em duas partes, uma para a igreja e outra para o governo reinante.

– Com que objetivo? – perguntei, de chofre, com uma ponta de revolta não explicitada.

– A igreja necessita de valores pecuniários para manutenção de sua campanha de eliminação total das heresias, e o governo tem que pagar os executores da lei, o efetivo militar, mercenários e responsáveis pelos julgamentos, tais como defensores, acusadores e juízes.

Deduzi de mim para comigo que aquele homem não era um simples carcereiro ou administrador de prisão; era muito mais, pelo seu nível de linguagem e das informações que detinha.

– Mas os bens em imóveis, imensas glebas, casas, o castelo – insisti com ênfase, aproveitando-me daquele momento de ascendência moral, com a autoridade que ele me conferia –, qual a sua destinação?

– O que lhe posso informar, senhor, é que, neste caso, um acordo entre a igreja, sob a representação do frei, e o governo, sob a responsabilidade do rei, determina a administração dos mesmos por outro ou outros nobres de confiança. Dessa maneira...

– Então, os nobres escolhidos fazem apenas a ação administrativa, considerando-se um espólio tão rico e produtivo? – voltei a inquirir, cada vez mais revoltado com a falta de espiritualidade em todo o processo.

– Os bens dos Hejeras passaram a ser administrados com usufruto dos administradores, uma vez que demandam despesas de manutenção e as naturais taxas de administração que normalmente lhe são devidos – Raul Gonzáles respondeu, identificando na voz estar convencido da correção dos procedimentos e que não haveria de ser diferente.

– E esse administrador, ou melhor, esse usufrutuário, é pessoa conhecida?

– São três homens da mais lídima confiança, de famílias tradicionais, fiéis ao rei e à igreja: Palmas Corrientes, Villena e Aguillar.

Silenciei sem ter mais nada o que perguntar, aquilo me era suficiente. Olhei em silêncio para ele e me propus a sair, quando Raul Gonzáles me interrompeu:

– Senhor! Deve ter observado que todos os sacerdotes que atuam na prisão estão ocupados com alguns condenados a aguardarem o momento de suas confissões ou de procederem à extrema unção, de modo que gostaria de utilizar os seus serviços. Aqui há uma prisioneira que parece estar em sua hora extrema.

– O que lhe aconteceu? – inquiri um tanto aborrecido com tantos vexames.

– Foi interrogatório intenso e duro, entretanto não cedeu um centímetro, afirmando-se inocente, embora o san-

O Cardeal

to ofício, em sua infalibilidade, tenha julgado e condenado à regeneração pelos flagelos corporais. Seria mais uma alma liberta do pecado, contudo, não temos prelados disponíveis no momento. O senhor poderia atender, se lhe houver algum tempo e se for de sua vontade?

– Não só posso, como devo – respondi, agora com mais interesse, pois, ao se tratar de uma criatura humana como aquelas que vi, senti-me condoído, mesmo sem ter visto o condenado.

Raul me conduziu, novamente, por aquele corredor, conversando comigo a respeito dos condenados, parando diante de uma ou outra cela para novas informações adicionais. Àquela altura, eu já estava preocupado com a pessoa mencionada, à beira da morte, e ele não aparentava qualquer pressa.

Não sabia onde tal criatura poderia se encontrar, pois investigara todos os recantos daquela masmorra. Restava apenas uma daquelas celas interditadas a mim.

Como não conseguia apressá-lo e por haver-me dito que, naquele caso, a morte não seria imediata, perguntei:

– Percebo sua grande fidelidade ao serviço e ao frei Tomás, não é verdade?

– Eu devo minha vida ao frei, muito mais que a vida, a salvação...

– Salvação? Como? Nós, os prelados católicos, podemos conceder absolvições, e não salvação.

– Eu considero salvação, pois fui um nobre de muitas posses e me dedicava às heresias, por ignorância. Tive origem judaica e, por interesse, me converti ao catolicismo, mas com minha família continuei, às escondidas, com as práticas do judaísmo. Fomos descobertos, por delação, aprisionados e julgados. Frei Torquemada soube e me apresentou uma alternativa de salvação definitiva para minha alma: entreguei todos os meus bens que se achavam escondidos, jurei fidelidade aos princípios da igreja e me devotei à causa da libertação das almas impenitentes.

Aquele homem parecia determinado e, de certa forma, coerente com seus princípios, mantendo sua consciência justificada com Deus e com a igreja, a legítima representante da Divindade. Apesar de sua truculência, era, ao mesmo tempo, dócil e subserviente à autoridade que lhe fosse superior, principalmente ao que se relacionasse a frei Tomás.

Por fim, dirigimo-nos a uma das celas que se achavam trancadas. Abriu-a e entramos, enquanto ele me explicava:

– Aqui esta a pessoa condenada.

Olhei aquela mulher emagrecida pelos maus tratos, caída sobre o catre, porque não tinha forças para se mover. Os cabelos longos e desgrenhados cobriam-lhe parcialmente o rosto e o colo. Como ele permanecia de pé, ali parado, exigi que saísse e trancasse a porta.

Olhei-a longamente, comovido com aquele sofrimento, e, como ela permanecia de olhos cerrados, pedi, com delicadeza:

– Fale-me alguma coisa, senhorita. Se puder, gostaria de ouvi-la – ao que ela se encolheu temerosa.

– Não tenha receios, sou amigo, não vou lhe fazer mal algum – insisti uma vez mais. Num fio de voz, um tanto rouca, ela se arriscou, abrindo um pouco os olhos para ver quem lhe procurava que não fosse para infligir algum castigo:

– Padre, estou morrendo e não sei a respeito de que pecado devo me confessar... – e as lágrimas rolaram pelas faces machucadas.

– Mas se você está aqui... – falei em tom paternal.

O Cardeal

– Estou aqui, senhor – continuou com dificuldade –, porque fui denunciada como bruxa.

– Denunciada?

– Sim, padre... Tramaram essa denúncia por algum motivo mais forte do que o alegado, e que desconheço...

– Mas que argumentos foram usados para a alegação de
bruxa? Conte-me sua história; já disse, não sou inimigo...

Ela abriu aqueles olhos grandes e escuros, que, apesar
do sofrimento, refletiam vida, e vi que eles me recordavam
outros olhos, agora tão distantes e obscurecidos por minhas
próprias frustrações. Ela, contudo, tirando-me de minhas reflexões e lembranças, prosseguiu:

– Oh, meu Deus, meu Deus! Sempre sonhei, com tantas
esperanças, desde menina, com um lar e filhos que eu cuidaria
com amor e desvelo. Cheguei à adolescência despreocupada
e feliz, envolvida pelas belezas da vida: a família, o prado, o
céu, o córrego tranquilo, o bosque e... O amor que me chegou como raios de sol que entram pela janela nas manhãs de
primavera... Sabe, padre... Eu sempre fui sonhadora e o que
ainda me faz sobreviver são a imensa fé no Pai Celestial, acima de tudo, e as lembranças vivas dos meus sonhos... – falou
com aqueles expressivos olhos perdidos em suas lembranças,
revivendo momentos felizes. Depois de uma pausa para tossir
e refazer o fluxo respiratório, prosseguiu:

– Vi meus sonhos se desfazerem, para minha dor, embora
jamais culpasse a Deus. A alma querida que elegi para minha
vida e que me cercava de amor e carinhos, logo cedo, a perdi para sempre... Feneceram as flores de minhas esperanças
que eu cultivara com a força de minha própria alma, todavia,
mantenho até hoje a fidelidade de meu coração a esse amor
imortal, sem ânsias ou desespero por saber que essa mesma

chama sempre viveu naquele coração puro e bom... – falava cada vez mais fraca.

Como eu me identificava, a cada instante, com aquela criatura. Era mais do que compaixão o sentimento inexplicável que me confrangia o peito, como se aquele coração fosse meu próprio coração. Ela parou por mais algum tempo, olhou-me no rosto, viu-me a barba e os cabelos, olhou longamente nos meus olhos, franziu um pouco a testa manchada por sangue ressecado que escorreu de um ferimento na cabeça. Um tanto incomodado por aquele olhar penetrante, pedi, desviando um pouco meu rosto:

– Tenha calma, não se apresse, descansa um pouco; tenho bastante tempo, e não tome nossa conversa como um confessionário.

– Ajude-me a me recostar, padre. Sinto que não disponho mais de tanto tempo...

Envolvi aquele corpo frágil com meus braços e, da mesma forma, ela me envolveu na vã tentativa de ajudar. Arrastei-a um pouco para colocá-la recostada na parede e por segundos estivemos abraçados. Era muito estranho sentir a leve pressão daqueles braços e daquelas mãos nas minhas costas, pois me evocavam lembranças ternas cujas origens não identificava no momento. A custo controlava a emoção ante tanta dor mesclada com força moral.

Aquela voz agora menos rouca, mas frágil, me contaminava, era quase conhecida. Afaguei-lhe a cabeça e enxuguei-lhe as lágrimas.

– Prossiga no momento que quiser, minha filha!

– Descobri, pela segunda vez, com imenso agravamento, que a vida não me ofereceria a oportunidade de compensação pelo sofrimento primitivo. Jamais poderia ser a mãe de meus

O Cardeal

filhos, mesmo que me consorciasse algum dia com o amor eleito para uma vida longa e feliz ou com outra pessoa que me pudesse respeitar e compreender... Não, ninguém aceitaria uma mulher que não pudesse ter filhos. Nasci desprovida dos períodos mensais próprios das mulheres e que habilitam a vinda de filhos... Deus me deu forças para prosseguir a vida, mas... – e novamente seus olhos se encheram de lágrimas –... quando ganhava meu sustento, tinha abrigo e alimentação, trabalhando arduamente como serviçal, confidenciei com uma companheira de trabalho, nessas conversas comuns entre moças. Ela, talvez por inveja ou despeito por me tratarem com mais consideração, me denunciou ao santo ofício. Dolorosamente, vim a saber, no ato de acusação, que mulheres como eu, na minha situação, têm indícios fortes de serem bruxas. Não posso, ainda, compreender por que a igreja, a razão da minha fé, me condenou. Sei que Nosso Senhor Jesus Cristo sofreu mais do que qualquer um de nós, entretanto, Nosso Senhor compreendia tudo aquilo que estava nas profecias. Quando fui enclausurada, em função do processo inquisitório, já estavam arrolados todos os atos de minha vida, como se me conhecessem desde o meu nascimento. Penso, padre, que Deus logo estará me libertando de minhas angústias e saudades... Aqui não há como me fazerem sofrer mais, não tenho forças para gemer, e o que me infligiram para a confissão de bruxa não pode aumentar as dores.

Notei que, apesar da palidez, seu rosto ganhara alguma cor, pois ardia em febre, e, a partir daí, olhou-me mais longamente, pareceu sorrir e delirar:

– Você veio, você veio! Estou tão feliz! – estendeu a mão e acariciou meu rosto, sem que isto me causasse qualquer constrangimento.

– Que bom que você veio! – repetia ela. – Agora posso morrer feliz!

"Deve ser o delírio que antecede a morte", pensei. Tomei o meu lenço e, após mergulhá-lo numa pequena tina, que, para minha surpresa, continha água limpa e fresca, passei-o com cuidado sobre seu rosto e, aos poucos, fui retirando a pasta sanguinolenta que lhe cobria as feições. Assim, por debaixo, foi surgindo uma forma clara, angelical, de pele suave, apesar dos hematomas. Admirei aquele belo rosto com o qual me familiarizava, pouco a pouco, que me evocava alguém conhecido. Tinha vontade de chorar. Era mais que pena ou compaixão. Um sentimento inexplicável me invadia, pois me sentia profundamente atraído por aquela criatura doce, apesar de mergulhada em tamanha dor e tão fervorosa, apesar do sofrimento.

O tempo parecia estar congelado e desaparecido em todas as dimensões. Éramos apenas os dois. Sim, eu parecia identificar aquele rosto a cada momento. Em breve, aquelas formas maltratadas foram-se desvanecendo e evocando outras em minhas lembranças. Mas ela prosseguiu:

– Esperei por você por tanto tempo e jamais perdi as esperanças de reencontrá-lo antes de partir para além da vida. Choro de emoção por saber que o meu amor é eterno, pois, por mais que a morte nos separe, estaremos sempre unidos.

Ela silenciou, cerrou os olhos por algum tempo para, depois, abri-los com mais luz. Acariciou-me novamente o rosto e acrescentou, com leve sorriso:

– Andréas, Andréas, jamais o esqueci e, em meu silêncio, cultivei as flores da alegria das nossas lembranças na terra do coração e fiz brilhar as estrelas de sua presença no céu de minha vida, mesmo nas noites mais tempestuosas de minhas emoções...

O Cardeal

Quando ela falou meu nome daquela forma que me era tão conhecida, não tive dúvidas. Com os olhos cheios d'água, fiz menção de lhe falar; no entanto, ela colocou seus dedos sobre meus lábios, em sinal de silêncio, e continuou, com muita dificuldade:

– Deixe que apenas eu fale, neste instante, não há mais tempo! Querido meu, levarei a sua imagem nas dobras mais profundas do meu ser. Eu o amo... Eu o amo...

E seus olhos cerraram-se, lentamente, e, num suspiro final, ela se foi, ali mesmo, em meus braços impotentes... Tive forças para sufocar um grito de imensa dor para, apenas, balbuciar: – Bernadete, Bernadete!...

Permaneci em silêncio por um tempo indeterminado, sustentando em meus braços aquele corpo frágil, inerte, sem vida...

Sua beleza parecia, agora, ter revivido, pela expressão tranquila, e eu me encontrava em estranha paz, sem ódios, sem raiva, sem as emoções fortes que me eclodiam minutos antes; contudo, sabia que, mais tarde, algo se movimentaria dentro de mim, mas não naquele momento solene sob a influência benéfica de Bernadete, em que sua inteireza nobre adicionada à fé me serenavam o espírito.

Ali não era mais uma câmara de tortura ou mortuária, mas a expressão singela de um templo iluminado por uma luz invisível e santa.

Batidas na porta tiraram-me das reflexões. Deitei-a delicadamente no catre, e Raul entrou.

– Senhor, deu-lhe a extrema unção? – ao que lhe respondi, secamente, sem esclarecer da forma como ele queria:

– *Consumatum est*! (Tudo está terminado!)

– A senhora sua mãe está lá em cima à sua espera!...

— Traga-a!

— Mas, senhor! Este ambiente, este local...

— Traga-a, simplesmente!... É uma ordem! — ele saiu e retornou com ela, que trazia, no semblante, uma expressão de contragosto.

— Deixe-nos a sós! — falei com a voz carregada de seriedade.

Raul se retirou, fechando atrás de si a pesada porta, e ela, sem esconder o seu aborrecimento, perguntou, com as mãos apoiadas nos quadris:

— De que se trata?

— A senhora sabia disso! Olhe-a! — afirmei, enfático, quando minha mãe tomou grande susto ao reconhecer Bernadete morta, ao meu lado. Permaneceu calada, nada disse e, pelo fato de ter ficado lívida, deveria saber de tudo, embora não esperasse por aquele trágico desfecho.

— Vá — ordenei com voz cortante —, pegue o seu melhor vestido, o mais caro colar, o mais precioso anel, traga suas aias, vista-a e amortalhe-a!

— Você enlouqueceu?... — respondeu ela autoritária, como sempre.

— Cala-te, minha mãe, não discuta as minhas ordens. Cumpra-as, apenas!...

Eu falei com tal ênfase e segurança que ela se assustou e saiu apressadamente para cumprir a ordem dada. Em seguida, chamei Raul para lhe transmitir novas orientações:

— Minha mãe tomará algumas providências. Atenda-a no que ela solicitar. Duas horas após o anoitecer, e sem comentários, faça transportar esta mulher até a abadia! — aquele homem assentiu com a cabeça e também se retirou.

Com extremo carinho, novamente abracei Bernadete, aconchegando-a ao peito. Em prantos, orei ao Senhor da

O Cardeal

Vida, tomado por viva emoção. Deixei que meus sentimentos mais nobres aflorassem ao coração e minhas lágrimas corressem quentes pela face e caíssem tranquilas, sobre o rosto tranquilo, sereno e belo, suave e amado. Agora as minhas lágrimas eram também suas, pois rolaram para os cantos daqueles olhos adormecidos pelo sono da morte.

Deixei as masmorras com sentimento neutro de emoções ou talvez de indiferença, que credito como recurso de autodefesa, considerando o que ainda me propunha a realizar.

Voltei à abadia e me recolhi ao leito, em minha cela, inteiramente apático a tudo, sem pensamentos específicos, vazio. Como eu ordenara duas horas após o anoitecer, Raul chegou trazendo o corpo de Bernadete, já amortalhado por minha mãe e transportado num coche comum de serviço. Apenas ele. Nada disse e eu nada falei. Dirigi-me para uma parte mais distante do jardim e, numa alameda mais discreta, iniciei a abertura de uma cova mortuária, com minhas próprias mãos, movendo com vigor a ferramenta. Em dado momento, Raul tomou a iniciativa de segurar delicadamente a ferramenta, interrompendo meu gesto de escavar, e, olhando-me nos olhos, disse:

– Senhor! Deixa-me cavar também. Quero ajudá-lo e afirmo que o compreendo! Perdoa-me a ousadia, mas meu desejo é de ajudá-lo, desde agora, em tudo o que o senhor fizer...

Curiosamente, senti sinceridade em suas palavras, pela postura tão fidalga, agora travestida de extrema dureza de coração, e de certa forma pude registrar sua solidariedade. Seu senso psicológico havia identificado, em mim, muita dor, angústia e sofrimento, pois parecia ter voltado à condição de ser humano.

Com sua força, rapidamente abriu profunda cova e me ajudou a depositar ali o corpo de Bernadete envolvido em panos, deixando-me a sós, em seguida, numa atitude de respeito.

Sentei-me no chão, olhando a tumba aberta com aquele corpo agora iluminado pela claridade serena do minguante, enquanto o ar tranquilo da noite se embalsamava com o perfume de açucenas distantes. Com imensa emoção deixei que as lágrimas me lavassem o rosto. Levantei-me e preenchi a cova com a terra úmida, plantei e replantei tantas flores quantas pude, recolhidas, aqui e ali, dos canteiros adjacentes, de modo que o local parecia nunca ter sido tocado.

Despedi Raul, colocando-lhe nas mãos algumas moedas que ele prontamente recusou.

– Raul, silencie a respeito de tudo! – exclamei, seguro de mim. – Nada aconteceu lá nas masmorras nem aqui, hoje! Conto com sua discrição!

– Senhor frei – respondeu com sinceridade –, desculpe-me a ousadia, mas repito que estou pronto para servi-lo sempre, sem restrições... – e, com uma reverência, despediu-se e se retirou com seu veículo.

Quando não mais ouvi o trote do cavalo e o barulho das rodas no cascalho da estrada, voltei-me para mim mesmo:

"Meu Deus, que conflito! Em meio a tanta dor deste dia, vislumbro a magia da noite e posso deixar-me envolver e me embalar pela beleza do luar e do céu constelado, neste silêncio. Todavia penso, também, meu Deus, na beleza da noite e do ar envolto em perfume silvestre a mesclar-se a tanta dor e amargura, revolta e angústia, e isto me pesa mais do que tudo. O que fazer? A escolha é minha, entretanto, a sorte de minha vida está selada, não há o que escolher ou decidir. Eu me vi bruscamente afastado dos campos da felicidade ou do que supostamente elegera para ser feliz. Fui conduzido para

O Cardeal

os acontecimentos de agora... Se ela, a minha amada, uma criatura de alma pura e santificada, foi condenada e castigada por heresia como pecadora diante da verdade da santa madre igreja e da justiça divina representada pelas certezas e verdades do santo ofício, e se estou aqui por Tua vontade, meu Deus, não vejo alternativa senão seguir os Teus desígnios. Fui escolhido para este sacrifício, embora a imensa dor seja insignificante diante do Teu sacrifício maior, na cruz.

"Seguirei, portanto, a missão de eliminar as heresias que ousarem afrontar o Teu sangue divino derramado no Calvário. O meu calvário não é maior do que o Teu. Todos pagarão..."

A contragosto, abandonei aquele canteiro florido sob a luz do luar para me recolher à cela. Eu estava muito cansado e não logrei dormir, apesar da lassidão que me envolvia. Parecia ter envelhecido muitos anos em tão poucas horas, diante de tantos acontecimentos.

Pela manhã, ouvi vozes e identifiquei a chegada de frei Tomás e, logo em seguida, fui convidado a tomar o desjejum com ele. Viajara muito e parecia também estar muito cansado. Permanecemos em silêncio, pois nada tínhamos a dizer um ao outro; entretanto, ele quebrou o silêncio logo que os serviçais se retiraram para outros afazeres. Com voz calma e tranquila, me interpelou:

– Você sofreu uma dura provação, mas era necessário que assim fosse. Creio que você está pronto para responsabilidades e tarefas tão duras e difíceis quanto as suas últimas experiências!...

– Sim, frei, afirmo que estou pronto para servir! – respondi, olhando-o nos olhos.

– Se lhe serve de consolo, afirmo-lhe que também tive minhas duras provações, tão duras quanto as suas, e foram elas que

Walace Fernando Neves

me deram a têmpera de aço, mais dura do que aquela conferida ao aço produzido em Toledo, o melhor do mundo. Sem isto, garanto-lhe que não estaríamos devidamente preparados para servir à santa madre igreja. Considero que é a isso que o Nosso Senhor Jesus se referiu quando disse que deveríamos carregar na alma seu lema...

Enquanto ele respirou mais profundamente, por alguns segundos, acrescentei: – "Eu venci o mundo!" O frei me olhou e levemente assentiu com a cabeça.

Frei Tomás silenciou por alguns segundos, com o queixo apoiado na mão, refletindo, e prosseguiu:

– Frei Andréas – ele já me chamava pelo nome –, você permanecerá em Granada, como base de operações. Raul Gonzáles será seu ajudante de ordens, pois, além de muito inteligente, é vigoroso, tem experiência junto à nobreza e é extremamente fiel e discreto. De alguma forma, você estará a circular pelas cidades de Toledo, Madri, Castela, Leão e outras mais próximas, uma vez que os seus três amigos mais recentes: Villena, Palmas e Aguillar o estarão acompanhando, fazendo o seu papel, uma vez que já lhe informei que serão o seu apoio. Na realidade, eles, por força do comum de suas vidas, sempre estarão se deslocando para festas e recepções aqui, ali e alhures, e você sempre será convidado, sem recusas. Sua presença investigativa, em determinadas localidades, estará justificada. Mas... vejo em sua testa rugas de preocupação, o que há? Fale sem receios!

–... Mas eles, como o senhor me esclareceu, não são aproveitadores? Não cuidam somente dos seus interesses?...

– Certamente que sim – respondeu o frei, com serenidade –; entretanto, devemos aproveitar e administrar suas vaidades e interesses pessoais.

O Cardeal

– Mas isto é justo – repliquei com sinceridade –, é correto perante a igreja, frei?

– Preste atenção! Gosto de suas observações, pois indicam sua superioridade e não a condição meramente passiva e obediente como a de Raul. Aí está a diferença. Quero esclarecer que essa conduta fica perfeitamente justificada, considerando-se os objetivos maiores que norteiam a nossa luta. Lembra-se da conversa do Nosso Senhor Jesus Cristo com o louco de Gadara? Pois me recorde, por favor.

– Sim, senhor! Em síntese, Jesus expulsou os espíritos imundos que fizeram a vara de porcos despencar no despenhadeiro.

– Muito bem lembrado; contudo, verifique que os porcos, além de serem considerados impuros, para os judeus, que não se alimentavam de sua carne por proibição bíblica, eram um estorvo. Jesus, Nosso Senhor, se utilizou daqueles demônios para, com Sua permissão, saírem do louco que morava no cemitério e perturbarem os porcos daquela maneira. Jesus, meu amigo, será sempre nosso exemplo como Mestre e Senhor, compreende?

– Compreendo, sim!

– Por agora é só. Devo atender a uma audiência e depois continuaremos. Os amigos a que me referi há pouco, concluindo, serão muito úteis quando ligarmos os interesses naturais de suas vidas, impossíveis de serem mudados, com os interesses divinos...

7. No Tribunal

Raul Gonzáles tornou-se a minha sombra. Sua figura avantajada, séria, taciturna, sempre a me acompanhar, causava forte impressão. Minha convivência com os três amigos se ampliou e me entreguei às minhas funções repressivas sem cogitações com razões ou lógica, por estar inteiramente ligado às funções delegadas pelo frei Tomás, assim não havia com o que me preocupar.

Raul criou uma espécie de milícia que trabalhava no silêncio da noite, nas ações de aprisionamento e confiscos. Ninguém os conhecia, mas sabiam de sua existência pelos acontecimentos. Todas as ordens eram emitidas por mim sem que ninguém cogitasse disso, uma vez que eu me achava presente em todos os momentos sociais, sem ter quaisquer inimigos e não ser inimigo de ninguém. Eu era um conviva importante.

Por um processo muito simples, sem decretos ou documentos formais, estabelecido na sutileza das atitudes, eu tomava conhecimento dos suspeitos de heresias ou supostos hereges de todos os níveis sociais. Em todas as reuniões sociais, com minha presença, surgiam as intrigas, os mexericos, tão comuns nessa época, as denúncias, ora veladas, ora explícitas, pronunciadas pelos meus amigos ou provocadas por eles. Eles sabiam que sua função era essa, embora para a corte tudo não passasse de assuntos corriqueiros para divertimento.

O santo ofício criou uma rede de espiões por toda parte, com delatores de convivência nos feudos, nas residências nobres, estalagens, albergues, bordéis. Dessa forma, ampliaram-se as investigações, pretensas constatações, aprisionamentos, julgamentos e condenações, tudo de conformidade com as regras estabelecidas pela santa inquisição.

Apesar de minha postura séria e circunspecta nos saraus ou similares, muitos se abeiravam para tentar usufruir de prestígio junto aos seus pares, companheiros e amigos. Assim eu ficava sabendo de todas as intrigas, dissidências e falsidades de toda ordem. Eu tinha o poder em minhas mãos.

Palmas, Aguillar e Villena tornaram-se não apenas comparsas, mas portavam-se como amigos sinceros, o que me permitia abrir um pouco minhas atitudes defensivas. Estavam cada vez mais ricos, mas isso não me importava.

Os anos seguiram seu curso como as águas de um rio, que, de um simples arroio, no início, cresce e se agiganta na foz, diante do mar, e deste modo transcorreram sem que eu me apercebesse disso, alienado da vida a cumprir o meu destino. Aos poucos me reconheci mais velho, experiente, mais sagaz.

Com o senso de observação e de análise mais ampliado, identifiquei distorção de comportamentos em Villena, Palmas e Aguillar. Desconfiei de que estivesse sendo manipula-

O Cardeal

do pelos três, com plena consciência. Não percebera antes, por me empenhar em cumprir à risca os trâmites da igreja e o programa traçado pelo santo ofício, além de não sentir necessidades financeiras ou econômicas, uma vez que era detentor de todas as mordomias que o privilégio do cargo me conferia.

Dois fatores me chamaram a atenção. Em reuniões mais íntimas com o três, surpreendiam-me as sutis e discretas insinuações, não comprometedoras, de oferecimentos de herdades, valores, bens preciosos, vinhedos lucrativos... Noutros momentos, grande parte das denúncias de heresias fortemente comprovadas caía sobre nobres ricos que sempre me pareceram honestos, honrados, fiéis à igreja e ao estado. Foram presos por minha ordem expressa, posteriormente julgados mediante depoimentos testemunhais e condenados, embora pretextassem inocência pelo seu passado incorruptível, mas as provas condenatórias apresentadas eram irrefutáveis. O santo ofício, em nome de Deus e da igreja, era inflexível, e eu o seu fiel executor.

Como sempre, os três amigos e alguns de seus protegidos eram designados administradores da terceira parte do espólio, invariavelmente agregado ao seu imenso acervo de bens. Isto passou a me incomodar sobremaneira, pela frequência de denúncias dessa ordem.

Não duvidava da amizade daquelas criaturas amáveis e alegres, já não tão jovens nem tão brincalhonas como outrora. A fase adulta também lhes ampliara a sagacidade e a forma política de lidar com as pessoas. Nunca se deixavam trair pelas palavras ou atitudes, mas minha consciência me alertava do abuso pelos benefícios auferidos por eles ao tripudiar sobre minha ingenuidade na férrea dedicação à santa madre igreja.

A falta de escrúpulos os fazia se locupletarem, com tranquilidade, da invejável posição de nobres e, ao mesmo tempo, do prestígio que eu lhes oferecia.

A essa altura, ninguém desconhecia minha relação com o tribunal do santo ofício, e isto era o suficiente para que todos tentassem ser agraciados por minha presença. Todavia, não avaliavam a extensão dos meus poderes.

Resolvi investigar mais a fundo a respeito de suas suspeitas atitudes, pois possuía meios para isso. Não faltaria quem colaborasse. Raul se encarregaria disso, por sua irrestrita dedicação, e saberia como conseguir as informações necessárias.

– Raul, necessito de seus serviços, mais uma vez!

– Sim, eminência, estou à sua disposição!

– Preciso que você use seus próprios meios para saber detalhes das ações de Villena, Palmas e Aguillar.

Raul não pareceu surpreso; isto me intrigou e perguntei:

– O que há Raul? O que está acontecendo?

– Estava a esperar – respondeu com seriedade na voz – que vossa eminência tomasse essa iniciativa...

– Por quê, Raul? O que você tem a dizer?

– Como sabe, não me imiscuo; obedeço apenas e cumpro ordens por fidelidade, mas os três senhores empregam métodos ilícitos. Não falaria isso a vossa eminência se não me fosse perguntado.

– E o que sabe a respeito?

– Ouvi de alguns chefes de milícias, em suas conversas triviais, que eles provocam as denúncias a fim de ficarem com a parte que lhes cabe nos espólios.

– Então, sob minha ordem, investigue sem se deixar apanhar em contradição.

O Cardeal

– Pode confiar, pois tenho meios de saber qualquer coisa a respeito deles. Brevemente trarei notícias.

Raul era eficiente. Ao insinuar, veladamente, que eu tinha interesse em obter respostas, conseguiu todas as informações. Meus três amigos extrapolavam de suas funções no sistema implantado:

– Os três senhores, conscientes de sua boa relação com eles e do grande respeito que sua presença inspira, usam e abusam do seu nome e posição. Agem com segurança e tranquilidade, por acharem que sua confiança neles é absoluta e sem maiores preocupações. Assim, ameaçam para usufruir de benefícios, criam falsas evidências de heresia, afrontam, dominam... sem limites! Brevemente, haverá nova denúncia para sua homologação de prisão, busca e apreensão, confiscos e, consequentemente, a partilha. Logo saberei detalhes.

Raul me procurou após passada uma semana para completo relatório de suas investigações a respeito das mais recentes denúncias de heresias que me levaram a expedir novas ordens de prisões e apreensões de bens.

– Eminência, o nobre senhor Navarro, de Castela, foi aprisionado. Eu mesmo me encarreguei de fazer a prisão acompanhado por trinta dos meus homens.

– Sim, Raul, disso já sei. O que você tem a acrescentar?

– Conforme lhe prometi, fiz as averiguações necessárias e pude constatar as fraudes.

E Raul informou que Palmas, Villena e Aguillar se haviam transformado em cínicos usurpadores sem escrúpulos; descreveu os procedimentos engendrados, como as provas eram forjadas, os subornos de testemunhas que desapareciam...

Agora eu poderia agir com segurança sem deixar vestígios, não por senso de justiça, amor à verdade ou qualquer sentimento de caridade para com as inocentes vítimas. Isto pouco ou quase nada me importava, não tinha relevância. Era meu amor próprio ferido que se exaltava, minha autoridade tripudiada, meu nome desrespeitado e eu humilhado daquela forma. Eu estava acima deles em autoridade e prestígio. Deveriam ser punidos, de alguma forma. Arquitetei um plano para derrubá-los do pedestal em que se achavam, sem ação ostensiva, mas inteligente.

Diante das circunstâncias, tomei uma série de medidas decisivas para o meu planejamento estratégico. Convidei minha mãe a desligar-se do meu convívio para que tomasse outro rumo, uma vez que possuía o suficiente, em bens, com meu pai, uma larga relação social de convívio palaciano fútil, bem ao gosto da época, do jeito que eles gostavam. Não precisavam mais depender da minha elevada posição. Ela ladinamente criou seu círculo de relação, com sua invejável liderança.

Silenciosamente e sem alarde, favoreci a aproximação de outros nobres, para a sua alegria e expansão de sua vaidade, por desfrutarem da convivência como um dignitário da igreja como eu. Tornaram-se achegados ao ponto de demonstrarem total fidelidade e subserviência por conservarem a minha companhia. Tudo sem o conhecimento dos meus três agora velhos amigos. Era de interesse desses nobres e meu manter o sigilo a esse respeito.

O senhor Navarro era figura de relevância e sua prisão causou grande repercussão. O assunto era comentado em todos os lugares e por todas as pessoas.

A sala destinada ao julgamento, apesar de grande, ficou repleta de curiosos, nobres e populares. Por fim, o tribunal foi instalado sob a presidência de um alto prelado na condição de juiz, ladeado por acusador e defensor. Este, como de pra-

O Cardeal

xe, pouco faria, além do comum, para isentar o réu das acusações. Como sempre, entre os nobres presentes achavam-se os mais interessados no resultado do julgamento, meus três amigos, que fatalmente seriam designados tutores e curadores de terça parte dos bens confiscados ao acusado. Estavam sorridentes e tranquilos, em franca conversação.

O juiz pediu silêncio e, quando vi que havia conseguido, adentrei pelo corredor central, entre as fileiras de assentos, e me dirigi para o único assento destinado à pessoa de meu nível, sempre vazia. Meu posto e minha autoridade na igreja me permitiam ocupar aquele espaço quando bem entendesse, uma vez que jamais compareci por não haver obrigatoriedade. Caminhei calmamente em meio ao absoluto silêncio, pois minha presença era um fato inusitado a causar admiração. Subi os degraus da base mais elevada, cumprimentei a mesa com leve curvatura de cabeça, fui cumprimentado por todos como exigia o ritual e assentei-me.

Percebi que meus três amigos silenciaram, repentinamente, na tentativa de entender o que se passava. Foram apanhados de surpresa, pois sempre promoviam algo para me entreter, distante daquele local. Minha atitude foi natural e espontânea, mas inesperada, ao ponto de o juiz se esquecer de iniciar o julgamento. Por fim, recuperando-se de sua estupefação, determinou que o acusador oficial lesse o ato de acusação, onde a palavra de maior peso era 'heresia'.

Raul, por ordem minha, orientou o advogado de defesa que tomasse algumas iniciativas quando fosse convidado a falar, mas que mantivesse sigilo sobre isto. Assim, eu encaminhava o desfecho daquela seção de julgamento.

Passado o momento da surpresa inicial, com minha chegada, os presentes se asserenaram, voltando à normalidade em seu burburinho muito comum nessas ocasiões e meus três amigos, à animada conversa de momentos antes.

O presidente do tribunal, com voz firme, pediu silêncio e se expressou em tom solene:

– Senhores, hoje este tribunal se sente profundamente honrado com a ilustre presença de sua eminência, que renunciou aos seus importantes afazeres para estar aqui. Louvo sua presença de membro nato deste tribunal do santo ofício, que, apesar de ter assento permanente, não tem a obrigatoriedade de se fazer presente.

Quando ele silenciou, fiz uma reverência em sinal de agradecimento, levando-o a prosseguir no mesmo tom:

– Que entre o acusado, o nobre Navarro!

As pesadas portas se abriram e o acusado entrou acorrentado e ladeado por dois fortes homens da milícia, a serviço do santo ofício. Muito magro, cabeleira desgrenhada, o rosto coberto por equimoses, caminhava com dificuldade com ar de grande abatimento. Era uma sombra daquele homem vigoroso, de feições delicadas e serenas que eu conhecera certa feita. Empurraram-no com grosseria, lançando-o ao chão para, depois, do mesmo modo, levantarem-no para o atiraram numa cadeira tosca diante da mesa dos julgadores, num plano mais elevado que o nível do chão.

Um auxiliar, por ordem do juiz, leu o ato acusatório:

"O senhor Navarro, toda a sua família e seus serviçais são acusados das seguintes heresias que motivaram sua prisão, confisco de bens e o presente julgamento, como exigem os artigos de lei:

"1 – Festim diabólico à meia-noite, sob a luz de tochas dentro e fora de sua residência de campo;

O Cardeal

"2 – Promover abrigo para os hereges albigenses, judeus, ciganos, bruxas e bruxos;

"3 – Cultivo de plantas e ervas empregadas em poções mágicas e feitiçarias, na herdade;

"4 – Ações e bruxarias noturnas que endemoniaram bois, cavalos, cabras e outros animais de pequeno porte, que fugiram em disparada no meio da noite;

"5 – Trazer sinal identificador de irmandade satânica, na omoplata esquerda, tatuado com ferro em brasa.

"As testemunhas juramentadas dos fatos arrolados são moradores de pequena vila além dos limites da herdade e saltimbancos que, à época, se encontravam acampados em bosque próximo."

Após a leitura do documento médico, o juiz vociferou:

– O que o acusado tem a dizer?

O advogado se aproximou de Navarro e, depois de consultá-lo, respondeu:

– O acusado se declara inocente!

– Oh! Oh!!! – fez o plenário em coro, reiniciando-se o tumulto em vozes acaloradas de acusação e de defesa.

– Silêncio! Silêncio! – exigiu o juiz, com forte pancada na mesa para conseguir seu intento.

– Não lhe permiti a fala, senhor advogado de defesa; perguntei ao acusado. Que ele responda! – gritou o frei na postura de magistrado, com autoridade na voz.

– Perdoe-me, senhor juiz, o acusado não está em condições de responder, por se achar muito fraco, com a boca machucada e alguns dentes quebrados, e, na condição de seu representante legal, também juramentado e designado por esta nobre corte, nos princípios que norteiam a lei vigente, ousei responder em seu nome. Por isso peço minhas humildes desculpas.

Walace Fernando Neves

O juiz, a contragosto, teve que admitir a resposta do advogado e deu continuidade:

– Que o advogado de defesa fale agora pelo acusado! – e este para surpresa de todos falou com calma e aparente segurança:

– Requeiro ao tribunal do santo ofício, agora em sessão, que o acusado, o nobre senhor Navarro, responda ao processo em liberdade, considerando a nobreza de sua linhagem e o honrado brasão que carrega de seus ancestrais.

Mais uma vez o espanto geral conduziu a novo tumulto na plateia. Desta feita foi difícil obter o silêncio necessário e, quando conseguiu, ordenou que a mesa apresentasse parecer, uma vez que, surpreso com a petição, teve receios de errar. Como ninguém se manifestou, levantei o braço, lentamente, num gesto estudado. E agora, num silêncio mais profundo, fui autorizado a falar e minha voz ecoou por todo o salão:

– Senhor juiz, senhores da mesa, como consta da legislação própria do santo ofício, pela condição de nobreza do acusado, principalmente detentor de linhagem deste porte, é permitido ao prisioneiro responder o processo em liberdade, confinado em sua residência, como toda a sua família, vindo a este tribunal apenas nos dias designados para as sessões de julgamento.

– Mas o senhor Navarro já é prisioneiro e, para tanto, já consta dos autos – interrompeu-me, veementemente, o acusador –, fato que deveria ter sido motivo de admoestação por falar sem estar autorizado, o que não ocorreu.

Desconheci sua interrupção e prossegui:

– O senhor advogado de defesa fez as investigações, inquirições e confirmações testemunhais, como constam do processo?

– Eminência – respondeu com disfarçado desdém, por ser questionado e se sentir diminuído em sua competência –,

O Cardeal

não tomei esses procedimentos por confiar inteiramente nos procedimentos investigatórios da santa inquisição!...

– Acaso o senhor insinua que eu desconheça a lei e tenha dúvidas a respeito dos procedimentos tomados pelo douto tribunal ao qual pertenço? Pois compreenda, senhor, que é justamente pela benignidade deste tribunal e da igreja que é facultado à defensoria o livre direito aos mesmos procedimentos de investigação, sem que isso signifique dúvida ou desconfiança. Faça isso, se não o fez! E para provar a confiança neste tribunal, deixarei disponível à defesa os assessores de investigação criminal para heresias que se encontram sob minhas ordens.

– Obrigado, eminência! – retrucou o advogado, mais humilde, quando novamente me dirigi ao magistrado:

– Por gentileza, gostaria de saber se o processo teve todos os trâmites e se está completo.

– Está completo, eminência.

– Então, por especial favor, gostaria que permitisse a leitura do laudo médico, que, como norma, é concedido a todo acusado submetido ao aprisionamento.

E o próprio juiz leu, pausadamente:

"O prisioneiro Antonio Navarro, sob a custódia do tribunal do santo ofício, na prisão do condado, apresenta condições precárias de sanidade física para qualquer ação de interrogatório ou remoção."

O juiz pigarreou sem saber o que fazer ou dizer por eu ter bloqueado toda a trama que se consumaria ali, sumariamente, em pouco tempo. E, para não impor minha autoridade com todos os direitos e não desmerecer publicamente a autoridade do juiz, esclareci, conciliatoriamente:

– Devo me retirar, para atender a compromissos, mas, levando em conta as regras da condução processual e o incontestável parecer médico, deixo à consideração deste impecável tribunal que o presente julgamento seja adiado até que novo parecer médico seja emitido, no prazo máximo de duas semanas, a contar de hoje, independentemente das condições físicas do acusado.

E o juiz que de início me havia bajulado sentiu-se na obrigação de me convidar:

– Eminência, tem a minha permissão para se retirar; entretanto, sentir-nos-íamos honrados com sua presença, em próximas audiências.

Raul fez menção de me seguir, como sempre, mas discretamente eu lhe fiz sinal para ficar, observar e ouvir. Em seguida, saí como entrei, sob os olhares admirados dos presentes, tomei o coche que me esperava e voltei à abadia. Minutos depois, Raul também voltou para fazer completo relatório do ocorrido:

– A comoção foi geral, Eminência... O juiz não pode negar a sua proposição por estar integralmente na lei... eles sempre a desprezaram por conveniência... Fingiu consultar a mesa e seus assessores... Folheou várias vezes as normativas e, por fim, apresentou o parecer final, como se fosse dele, e adiou o julgamento com a recomendação de que o réu obtivesse a assistência. O povaréu demonstrava velada satisfação...

– Como se comportaram Villena, Aguillar e Palmas diante do ocorrido?

– Retiraram-se para o corredor lateral externo a fim de conversarem sem serem ouvidos, mas foram diretamente para bem próximo a mim, que me achava junto a uma coluna sem ser visto, e pude ouvi-los com clareza:

"– O que está acontecendo? – perguntou Aguillar? Não estou compreendendo nada! O que ocorreu com o nosso Andréas?

O Cardeal

"– É surpreendente! – exclamou Villena, sobressaltado. – Por que ele desmontou toda a arrumação? Estava tudo tão planejado como antes. Não quero acreditar que tenha sido intencional, pois ele nunca tomou conhecimento de nada, nada!!!

"Palmas andava de um lado para o outro, inquieto, e Aguillar continuou:

"– Devemos tomar muito cuidado, pois parecia saber de tudo, no entanto, nunca fez qualquer consideração. Sempre se mostrou sincero amigo e é isto o que nos tem favorecido...

"– O que virá depois? – perguntou Palmas. – Isto me preocupa porque não podemos fazer nada, nenhuma cobrança ou contestação com ele.

"– Estamos de mãos atadas. Agora é preciso aguardar e fingir que nada nos afetou."

Terminada a narrativa, ordenei a Raul:

– Tome esta sacola de moedas e vá ao povoado, ao acampamento dos saltimbancos, e faça as investigações necessárias.

– Eminência, perdoe-me, mas basta exigir e eles contam tudo.

– Não, Raul, não quero que eles contem o que quisermos. Preciso da verdade. Vá também ao calabouço e interrogue os prisioneiros, empregados do senhor Navarro, segundo dos itens das acusações, tome depoimentos.

– Está bem, eminência, mas as moedas... – são para suborno? – reticenciou Raul.

– Não, de forma alguma. Temos que agir com inteligência. Você fará o seguinte: vá, hoje mesmo, ao povoado e, a seguir, ao acampamento. Interrogue qualquer pessoa que você perceba de fácil informação. Não faça pressões e colha, apenas, uma informação qualquer e dê uma moeda. Faça entenderem que não é pagamento e sim compensação pela informação espontânea. Assim, não se sentirão comprados. Volte, amanhã, aos mesmos lugares e faça a mesma coisa, sempre apenas uma pessoa, uma informação e uma moeda. Em breve a notícia se espalhará e você terá tudo o que quiser. A verdade não comprada ou forjada, porém, a realidade. A moeda terá apenas um valor compensatório de caráter justo.

– Algo mais, eminência?

– Leve dois ou três homens de sua confiança e, de acordo com as informações obtidas, siga até a herdade e examine o exterior em derredor: cavalariça, os abrigos de gado e de ovelhas, procure indícios que possam estar relacionados.

– Será que dessa forma me atenderão?

– Atenderão, sim, e por dois motivos. A forma como serão abordados, totalmente fora da habitual, e a ausência do sentimento de delação, acrescidos da sua função oficial. Leve consigo este documento que redigi para lhe dar plenos poderes. Já imprimi meu sinete sobre o lacre. Ele é por demais conhecido, mas, cuidado, sem coação, contenha-se. Seja gentil e convincente.

Sete dias depois do primeiro julgamento, convoquei uma reunião a portas fechadas com o presidente do júri, com o acusador, com o advogado de defesa e auxiliares diretos, inclusive o escrevente daquele tribunal instalado para o caso do senhor Navarro.

Quando todos chegaram, eu me achava presente, com largo tempo de antecipação, o que não deixou de causar surpresa. Fui tratado com muita deferência pelo reconhecimento de minha autoridade e posição.

– Eu os convoquei para discussão e decisão a respeito de assunto de extrema seriedade.

O Cardeal

– Ficamos curiosos e surpresos, Eminência. É inusitado, pois nunca houve situação semelhante – falou o juiz, ao que respondi com serenidade:

– Como todos são conhecedores dos cânones e das regras do tribunal do santo ofício, não há de ser surpreendente esta convocação. Se nunca houve é porque desconheciam os artigos da lei ou porque não houve necessidade. Quero crer que a segunda hipótese seja a real e verdadeira, concordam?

– Sim, eminência! Sim, eminência! – responderam em coro a fim de não se denunciarem ignorantes quanto às regras.

– Mas do que se trata? – interrogou o acusador.

– Anote, escrevente, para que tudo seja oficializado: "A prisão do senhor Navarro foi correta, considerando-se as denúncias e apurações; contudo, considerando-se também a sua linhagem de nobreza, ele possui o direito de responder ao processo em liberdade restrita, ou seja, confinado aos limites residenciais; então: primeiro, que seja conduzido ao lar com todos os seus parentes e serviçais, de imediato; segundo, que os bens confiscados sejam todos devolvidos."

– Mas, eminência!... – espantou-se o juiz – aqueles bens já foram confiscados, dado o destino indicado pela lei e decretos reais...

– Creio, senhor juiz, que em situação como esta o confisco foi realizado por antecipação ao julgamento...

– Sim, eminência, antecipadamente, em virtude dos autos processuais de acusação à comprovada e franca prática de heresias.

– 'Indevidamente' é a palavra, 'indevidamente', porque, apesar dos autos inquisitoriais, não havia conclusão nem condenação explícita e, se o senhor conhece bem a lei, poderá haver interposição de recurso aos reis de Espanha ou ao papa para a indenização de três vezes o valor total dos bens confiscados. Então, o que preferem? Decidam e ajam conforme a lei vigente. Aguardo as decisões e mantenham-me informado, por favor.

"Agora devo me retirar, senhores. Escrevente, registre tudo para que todos assinem."

De forma inesperada e inusitada, tomei conhecimento da decisão judicial daquela reunião feita em caráter privativo, muito antes da comunicação oficial que me chegaria às mãos.

Dias depois, enquanto Raul diligenciava as investigações conforme minhas instruções, um serviçal da guarda particular, na abadia, pediu licença, entrou e falou com ar de preocupação:

— Eminência, recebi suas instruções para que ninguém o perturbasse, e não sei o que fazer...

— Essa foi a minha recomendação, mas o que está acontecendo?

— A senhora sua mãe está aqui e quer entrar de qualquer maneira, e me parece muito aborrecida... Desculpe-me, eminência...

— Você agiu corretamente, mas deixe que ela entre e feche a porta, em seguida.

O serviçal saiu e minha mãe entrou pisando forte, parou diante da minha mesa de trabalho, olhou-me firme com expressão dura e arrogante. Olhei-a do mesmo modo, encarando-lhe os olhos, em tom inquiridor. Ela quebrou o silêncio, apontou-me com o leque e disse:

— Você sabe o que está fazendo?

— A respeito do que a senhora está falando? Mas sente-se, por favor!

— Você sabe muito bem do que estou a falar! – respondeu ainda mais zangada.

O Cardeal

– Não faço ideia, senhora, do porquê dessa invasão intempestiva e desse tom aborrecido. Diga-me, esclareça-me, por favor!

Intencionalmente não a chamara por mãe, e sim por senhora, mas, em sua raiva, ela não se apercebera disso e prosseguiu:

– Não se faça de tonto ao fingir que não sabe do que falo!

– Senhora, esclareça-me, repito!

– Estou me referindo à devolução do confisco ao Navarro, um absurdo!

– Então, as notícias já lhe chegaram aos ouvidos, apesar de a sessão ter sido às portas fechadas, em secreto!?

– Claro, pois tenho meus meios para saber tudo a respeito do que se passa por aí...

– Engana-se, senhora, não tem mais esses meios!

– Como você diz uma coisa dessas? – espantou-se com ar de incredulidade.

– Porque o acusador, o olheiro pago regiamente por sua bolsa, já foi por mim exonerado de suas funções – e acrescentei em tom imperioso: – Também tenho meus meios e muito mais precisos do que os seus. Então, pensa que eu ignoro sua participação e interesse nos lucros dos espólios?

– Veja como você me trata! Sou sua mãe! Eu o criei e o conduzi para isso! Você está, aqui, graças a mim!

Esse era o momento que eu esperava para lançar-lhe, em rosto, toda a minha revolta:

– Aqui, a partir daquela porta, não há privilégios, todos são senhor ou senhora!... Agora se sente e ouça – ordenei enfático, e ela se sentou:

– Não sou apenas sua cria, sou mais: sou sua criação, sua obra. Olhe para mim e veja a criatura e por isso não há do que reclamar. Sou assim, estou assim e assim estarei, na posição em que mereço, muito além de suas influências políticas e interesseiras. Exonerei seu olheiro e exonerarei quantos eu quiser!

Ela parecia não estar acreditando no que estava ouvindo, mas recuperou-se de sua estupefação e continuou como antes:

– Sua atitude é afrontosa ao santo ofício!...

– Afrontosa ao tribunal do santo ofício? É o que a senhora afirma?

– Sim, confirmo o que disse: sua atitude é perigosa por afrontar o tribunal dessa maneira.

– Pois ouça, senhora – falei com vigor, após apoiar as mãos sobre a mesa, erguer lentamente meu corpo até ficar com o rosto a um palmo do seu, olhos nos olhos –, o que direi aqui deverá ficar aqui, entre estas paredes... Todos, inclusive a senhora, desejam descobrir a todo custo quem é o geral da ordem, a secreta autoridade máxima. Veja esta bula papal com a recomendação do frei Tomás com o sinete de sua santidade, e, se a senhora falar com qualquer pessoa, receberá as sanções devidas, pois eu saberei. Leia e cale-se!!!

À medida que lia, minha mãe mais arregalava os olhos e deixava cair o queixo de espanto. Não disse mais nada.

– Eu, senhora, sou o geral da ordem; eu, senhora, sou o tribunal do santo ofício, e decido, não arbitrariamente, mas totalmente nos princípios da legalidade, não por bondade ou sentimento de correção, porque isso não me foi ensinado. Fui levado a ser o que sou e como sou, mas, agora, sou-o por mim mesmo.

Minha mãe abaixou a cabeça, não por medo ou humildade, mas por autodefesa, para não me encarar. Eu podia sentir a sua raiva acumulada diante da imensa frustração por que passava!...

O Cardeal

Sentei-me, novamente, e prossegui com a voz embargada pela explosão de colocar toda a minha desdita concentrada na alma:

– Agora saia e nunca mais volte ou me procure! Retorne aos seus amigos e dominados por suas artimanhas. O que sua bolsa possui é o suficiente para gastar por toda a vida. Volte à sua vida vazia e se afaste de Palmas, Villena e Aguillar.

– Mas como farei isso? – falou ela com certo ar de inocente e tímida

– Você é criativa, invente qualquer coisa convincente, mas, jamais, jamais revele o que lhe mostrei ou muito se arrependerá por ter nascido!...

Num impulso de extremo orgulho, ela se levantou e, após virar as costas para mim, saiu como entrou: a passo firme, sem se voltar. A porta se fechou e eu me atirei sobre o encosto da cadeira, extenuado, aos prantos e extremamente amargurado.

Não pude dormir aquela noite e permaneci em estado letárgico, quase febril. Uma lassidão imensa tomou conta de mim. Pela manhã, devia estar em péssimo estado e de expressão estranha, pois todos me olhavam sem esconder a admiração.

Raul retornou das diligências com expressão de quase alegria, pois minhas orientações haviam favorecido suas investigações. Por fim, já podia me preparar para o desenrolar do tumultuado julgamento, em nova etapa.

Chegou o momento crucial. Novamente, após duas semanas de recesso, o tribunal foi instalado. A expectativa era grande. A sala estava agora mais repleta do que anteriormente. A mesa composta, completa, permitiu ao juiz exigir silêncio, dando por aberto o tribunal do santo ofício. Inicialmente deu a palavra ao acusador para fazer uma síntese dos acontecimentos.

O novo acusador, com o qual eu não privava a intimidade, era conhecido por sua vaidade, demonstrada pela dureza de suas ações, inteligência, sagacidade e até perversidade nas palavras.

Iniciou esclarecendo seus propósitos:

– Quero crer, senhores, que a instalação deste tribunal é indevida e desnecessária, uma vez que são inquestionáveis as decisões e julgamentos da santa inquisição. Creio, também, que o tratamento dado ao acusado é excessivamente beneplácito e privilegiado. Não compreendo o porquê dessas ações de privilégios e concessões.

Percebi que ele se dirigia a mim, por ter tomado conhecimento de minha postura e interferência, e continuou dando-me a perceber, claramente, ter conversado com a minha mãe.

– Penso que este novo julgamento representa uma atitude afrontosa ao santo ofício. Exijo que o acusado seja imediatamente condenado sem mais delongas.

Compreendendo sua provocação, permaneci quieto e o juiz sem ação para uma resposta imediata. O silêncio geral se estabeleceu e as atenções convergiam, disfarçadamente, para mim, esperando uma atitude de minha parte. Ante a minha tranquilidade, o juiz pigarreou, tomou goles d'água e gaguejou:

– Senhor acusador, o julgamento deverá prosseguir... pois... o tribunal está instalado. Não há como reverter e deverá ter uma conclusão!

– E minha petição não ser levada em consideração? – falou quase a esbravejar, o que me levou a interferir para minimizar a pressão sobre o juiz. Levantei a mão, ergui-me da cadeira, e ele, com expressão de alívio, me concedeu a palavra:

O Cardeal

– Senhor acusador, atitude afrontosa ao santo ofício é não tomar conhecimento integral dos autos registrados pelo próprio santo ofício neste tribunal, uma vez que tudo está processado. Se o senhor tivesse tomado conhecimento antecipado e não viesse com ideias preconcebidas, saberia da legalidade das ações e não estaria perdendo tempo com apelações inúteis. Por favor, leia a página sessenta e cinco e encontrará as justificativas legais do presente ato.

Enquanto ele enrubescia de nervoso e de raiva, exigi que o julgamento prosseguisse. Ainda com a palavra, o acusador voltou à carga, com veemência, demonstrando, mais uma vez, ter lido apenas a ação acusatória e, novamente, pediu a pena máxima para o nobre Navarro: a morte pela fogueira, após o interrogatório das testemunhas de acusação. Seu vigor foi tão expressivo, que o público se estendeu em aplausos. Uma a uma, chamou as testemunhas para os depoimentos:

– Não perderei tempo, senhores, com a rememoração do processo inquisitorial do caso Navarro. Os depoimentos falarão melhor – explicou-se o acusador. – Que venha a primeira testemunha!

Um homem simples, um campônio, entrou e, sob juramento, respondeu às perguntas.

– Você conhece o acusado?

– Sim, senhor! – respondeu timidamente.

– É verdade que o acusado abriga, em suas terras, os hereges citados nos autos?

– Senhor!... É que essas pessoas... – o homem começou a responder titubeante, quando foi interrompido, bruscamente.

– Pare! Sua resposta deverá ser 'sim' ou 'não', apenas isto, nada mais que isto!

– Sim!

– Muito bem, agora se retire. Que entre a próxima testemunha!

Uma mulher de meia idade, também moradora da região, veio até o centro da sala onde lhe fora indicado.

– A senhora reside há muito tempo por aqui?

– Moro, sim, senhor.

– É verdade que nas glebas do acusado são cultivadas ervas próprias para beberagens e poções mágicas para bruxarias?

– Senhor, as ervas que ali nascem...

– Um momento, senhora, não pedi o seu comentário; perguntei apenas se lá existem ou não as ervas – insistiu o acusador, veemente, modificando intencionalmente a formulação da pergunta.

– Minha resposta é sim, mas...

– Testemunha dispensada, tragam a seguinte!

Um casal identificado como cavalariços do senhor Navarro, entrou, sem titubear.

– É verdade que, no mês passado, antes do aprisionamento do acusado, vocês acordaram por volta da meia-noite com barulhos, vozes de gente e, ao abrirem as janelas, observaram grande movimentação da família com tochas acesas em torno da moradia, como uma dança estranha?

– Vimos, sim! Inclusive...

– Sem mais perguntas, é o suficiente. Retirem-se e avisem à próxima testemunha para entrar.

Uma jovem, quase menina ainda, de expressão tranquila e de olhar inocente, se aproximou e, ao ser inquirida, respondeu:

– Sou a guardadora do rebanho e ainda estou muito assustada.

– Não tenha medo, moça. Aqui você pode narrar, sem perigo, o que aconteceu ou o que você encontrou no cercado do rebanho.

O Cardeal

– No outro dia, pela manhã, quando fui cuidar das minhas obrigações, encontrei junto ao cercado, na terra úmida, pegadas muito esquisitas. Eu nunca vi semelhantes, de algum animal estranho.

– Repararam, senhores, que houve, naquela noite, até a presença de um animal que se evaporou, pois não foi visto, apenas as suas pegadas, e por essa inocente criatura? Contudo, prossiga. O que há mais para relatar?

– Encontrei, também... e fico assustada só em relembrar... – e a moça se persignou por três vezes fazendo o sinal da cruz e continuou: – duas cabras mortas, estraçalhadas por alguma coisa afiada como garras.

Aproveitando os olhares de mudo espanto da plateia e a total atenção da mesa, o acusador abriu os braços de forma teatral e falou quase num sussurro, mas de modo que todos pudessem ouvir:

– Que coisa mais horrenda! Um animal desse tipo só pode ter sido enviado pelo demônio, após as evocações.

A moça se retirou e em seu lugar postou-se um rapaz de olhar vivo e inteligente, que, a pedido do acusador, fez um resumo dos acontecimentos, segundo seu modo de ver, sem nada ter presenciado, de forma que se percebia, claramente, ter sido instruído para aquela farsa.

– Vejo esta situação do seguinte modo, pelo que pude observar, considerando-se minha experiência na observação de tais fatos, uma vez que sou mascate, tenho viajado por quase toda a Espanha e me deparado sempre com a repetição dessas ocorrências tristes e perigosas: o nobre senhor Navarro, ao usar do seu poder e autoridade, abrigou hereges para obter mais lucro, pagando-lhes pouco, associou-se às bruxarias com fins escusos de domínio sobre outras pessoas, cultivou ervas alucinantes para chá, poções e beberagens, consumidas nos rituais demoníacos sempre à noite, à luz das tochas, quando todos dormem. O sacrifício de animais é prática comum, nesses rituais, mas, para não ficarem vestígios da presença humana, atraem animais demoníacos para fazerem o serviço.

"A vontade divina é mais poderosa e não deixa que essas coisas fiquem ocultas por muito tempo. Em tais circunstâncias, o acusado tem de receber as sanções previstas. Não tenho autoridade nem pretendo ter para fazer julgamentos, longe de mim tal atitude – falou o jovem com total falsa santidade –, mas o santo ofício, neste tribunal, saberá fazer justiça. Justiça!!!" – exclamou, com a voz alterada, o que levou o plenário a aplausos prolongados.

O acusador espalmou a mão, a pedir silêncio, e continuou no mesmo tom veemente do rapaz:

– Senhor juiz, diante de tão contundentes evidências oferecidas pelas testemunhas oculares e mais este comovente depoimento exarado por um jovem, não poderá haver outro veredicto: a fogueira! – novos e prolongados aplausos. – Mas, para não ficar a dúvida de que a justiça é dúbia, acredito que o meritíssimo juiz concederá a palavra ao ilustre defensor do acusado, que, embora desnecessário, não perderá a oportunidade e o direito de se expressar...

O juiz concedeu a palavra ao causídico e este levantou-se em meio ao espontâneo silêncio que se fizera no ambiente para falar com voz pausada, medida e estudada:

– Senhores que assistem a este tribunal, sinto-me impotente para fazer qualquer defesa, nesta situação, em virtude das evidências tão claramente apresentadas. Nada tenho a declarar.

O silêncio pareceu tornar-se mais profundo, naquele instante.

O Cardeal

Estampando um sorriso de vitória, o acusador, alegando também a renúncia da defesa, exigiu, sem mais delongas, a condenação do acusado.

O meritíssimo, preparando-se para o veredicto final, levantou-se de sua cátedra, apoiou as duas mãos na mesa e falou solenemente:

– Considerando os autos do processo, os depoimentos das testemunhas arroladas, o libelo do acusador, as declarações do defensor e a garantia de que foram permitidas ao acusado todas as condições para a sua defesa, apresento o veredicto final: O acusado deverá...

E o juiz cortou sua frase ao meio, porque me viu levantar a mão, lentamente, e de forma também teatral. Minha proposital atitude de silêncio total e quietude, durante o julgamento, possibilitou a que todos se esquecessem de mim e de minhas habituais interferências. Nesse momento, atraí a atenção para mim, da mesa e de todos os presentes, inclusive dos meus três velhos amigos que já se haviam desinteressado pelo andamento do processo. Palmas, Villena e Aguillar mantinham animada conversação com algumas damas, ao fundo da sala, por considerarem a causa praticamente vencida e encerrada.

– Senhor juiz, pelo código recentemente estabelecido para este tribunal específico, quando o advogado de defesa se sente impedido ou incompetente para o ato em si, ou ainda recusa sua ação de defesa, qualquer pessoa qualificada ou não pode se colocar à disposição para exercer as funções advocatícias, assegurando, assim, os direitos do acusado. Estarei certo?

O juiz, tomado pela surpresa, acrescentou:

– Está certo, eminência – entretanto, recuperando-se, explicou – ...mas, como não há mais depoentes...

Ao que intervi mais uma vez:

– O processo de julgamento agora toma novo rumo, há outra etapa em andamento, pois a fase acusatória está encerrada, legalmente nada mais há a acrescentar; contudo, para a defesa, ninguém se manifestará se o nobre juiz não autorizar abrir a questão para a assembleia. E o senhor pode fazê-lo, agora.

Ele, sem alternativa, perguntou, a contragosto, mas em alto e bom som:

– O julgamento permanece em aberto. Há alguém que desejaria apresentar mais algum testemunho em favor do acusado, neste momento?

Nesse instante, dois homens se apresentaram, exatamente aqueles que eu havia convocado, sem coação ou propina, com a promessa de que nada lhes aconteceria, sob minha palavra e sob a proteção da igreja.

– Quem são vocês?

– Eu sou Hejera – respondeu o mais velho dos dois – e eu sou Hernandes – completou o mais novo

– Não posso tomar o depoimento de vocês, porque não estão arrolados no processo; são depoentes improvisados.

– Senhor juiz – apressei-me em interferir, de novo, para que o andamento do júri não fosse intencionalmente obstruído –, gostaria que os qualificasse, com o registro de seus nomes, a fim de que possam exercer sua função, legalmente, em atendimento à convocação que o meritíssimo acabou de fazer.

Após os devidos registros das novas testemunhas, o juiz falou em tom aborrecido e de enfado:

– Falem!!!...

Como Hejera e Hernandes permanecessem em silêncio, o juiz virou-se para mim e falou-me à meia-voz, na tentativa de reverter a situação:

O Cardeal

– Eminência, esses procedimentos nunca foram empregados em tribunal; sempre foram deixados de lado para não haver perda de tempo.

– Se o senhor fizer essa contestação, estará contestando dispositivos canônicos regimentais do santo ofício. Esses procedimentos nunca foram empregados por motivos que não me dizem respeito, no momento, mas não implica na sua legítima aplicação. E, se não o fizermos, evidenciará que o tribunal é dúbio, de relação com interesses escusos, de acordo total com a acusação e, o que é pior, destituído de imparcialidade. É bom dar prosseguimento, senhor. Os dois depoentes estão calados porque não houve convocação para que alguém os inquira.

– Vossa eminência está certo – e, voltando para a assembleia, perguntou: – Há alguém, neste recinto, que tenha interesse em inquirir estes dois depoentes?

Tentando encerrar, rapidamente aquela situação, completou, olhando significativamente para o defensor:

– Como ninguém se apresenta, posso concluir que...

– Eu desejo, senhor – levantou-se o defensor. – Quero interrogá-los – ao compreender que era interesse do juiz que a inquirição deveria ser direcionada de tal maneira que nada acrescentasse.

Antes que ele se pronunciasse, interferi, com segurança.

– Eu farei o ato inquisitorial, pois a defesa perdeu essa prerrogativa, momentos atrás, ao renunciar publicamente a esse direito. Por favor, escrevente, registre os depoentes.

– Já foram identificados – respondeu.

– Identificados, mas não qualificados. Sem isso, os registros carecerão de legalidade e, consequentemente, de veracidade, portanto...

– Senhor Hejera, conhece o acusado, o nobre Navarro?

– Sim, senhor, conheço-o.

– E desde quando?

– Desde que ele adquiriu a propriedade em que eu era servidor do antigo proprietário e o senhor Navarro me permitiu ficar.

– Posso concluir que o senhor o conhece bem. Assim, por favor, esclareça-me: desde quando o senhor Navarro e os seus familiares têm ligações com heresias e bruxarias?

– Não, eminência, não acredito nisso! – respondeu espantado. – De modo algum. Ele é bom, muito religioso e humano.

– Então é por isso que ele dá guarida àqueles considerados hereges?

– Não, senhor; todos os empregados já se encontravam na propriedade, de muito tempo, e por pura bondade não quis mandar ninguém embora. Todos são muito agradecidos a ele.

– Mas conta-se que são hereges!

– Outro engano, senhor. Muitos deles são de ascendência francesa e gente de outras localidades, mas todos são cristãos, batizados, nem conheceram seus parentes.

– E como pode fazer tal afirmação?

– Porque nasci e me criei ali. Já são setenta anos...

– Senhor Hejera, há mais acusações. E as ervas cultivadas na propriedade para fabricação de poções mágicas e beberagens especiais?

– Desculpe-me, senhor, mas quem afirmou essas coisas deve estar muito enganado ou mentiu para prejudicá-lo. Será que há alguém interessado naquela propriedade?

Ao olhar de relance para o fundo do auditório, percebi que Palmas, Aguillar e Villena olharam-se surpresos e sobressaltados com a pergunta do velho Hejera.

O Cardeal

– Você fala com muita segurança e sem medo, mesmo sabendo que as acusações foram acatadas pela autoridade do santo ofício, por quê?...

– Porque sou velho, sou pobre, não tenho família nem bens; portanto, nada tenho a perder. Aprendi a ver os fatos da vida e tenho percebido que algumas pessoas da nobreza estão enriquecendo mais e outras estão sendo denunciadas, presas, torturadas e mortas, o que já acontecia comumente com os do povo como eu. Não gostaria de ver mais esta injustiça.

– Mas as plantas, existem ou não? – insisti com veemência.

– Existem, sim, senhor! – esta afirmativa foi o suficiente para que juiz, advogados, meus três amigos sorrissem, sem disfarces, e a plateia demonstrasse espanto com algum burburinho.

– Prossiga, senhor Hejera, prossiga!

– Aquelas plantas não são cultivadas, e sim nativas, espalham-se pelos campos, herdades, por toda a região. Há muitos e muitos anos são usadas, por todos, como remédio, principalmente pelas pessoas mais pobres; por isso não são arrancadas à época de plantio. Dão flores muito bonitas e na floração os campos ficam lindos como um grande tapete amarelado.

– E o que dizer das danças macabras, de certo festim de bruxaria, à meia-noite? Era impossível que não fossem percebidas – perguntei, levando o senhor Hejera a sorrir, embora discretamente, com certa timidez.

– Perdoa-me, eminência, por eu ter achado graça, não quis ofender nem desdenhar, mas naquela noite até eu usei tocha para iluminação, e era impossível saber as horas, nem pelas estrelas, pois a noite era escura prenunciando chuva. Barulhos estranhos e sons desconhecidos, de algum animal, rondaram a casa, os abrigos dos animais, currais e cavalariça.

Todos ficaram assustados e saíram com tochas acesas para descobrirmos as causas...

— Então, não houve danças em torno de fogueiras. E vocês descobriram o que havia acontecido?

— Não, senhor, não houve danças. As pessoas se movimentavam de um lado para outro, senhores e empregados. Acendemos fogueiras para espantar algum animal intruso; contudo, naquela noite não descobrimos nada. Mas, pela manhã, encontramos pegadas de algum animal e duas ovelhas estraçalhadas. Muitos animais fugiram dos currais, mas os capturamos nas redondezas.

— E como você explica tudo isso? Comentam que é coisa demoníaca.

— Não sei explicar, senhor, mas não acredito que seja coisa do diabo, pois dizem que o diabo tem cheiro de enxofre e não havia cheiro algum.

Propositalmente deixei Hernandes de lado e concluí:

— Obrigado, senhor Hejera. Pode voltar ao seu lugar.

Antes mesmo que ele chegasse ao seu banco para assentar-se, interpelei o homem que fazia o papel de magistrado:

— Senhor juiz, para concluir, basta agora decidir qual dos depoimentos aqui apresentados devem ser levados em conta para condenar ou para libertar o acusado. Qual o que se evidencia com maior consistência?

O juiz pigarreou, cofiou a barba, passou a mão pela testa e, diante das contundentes evidências apresentadas, se pronunciou, quase solene:

— Diante dos fatos apresentados, sou levado a emitir um parecer no sentido de...

— Senhor juiz! — interrompeu o acusador, procurando parecer aborrecido. — Perdoa-me, mas este depoimento não é

O Cardeal

conclusivo, não leva a nada. Se por um lado as evidências conduzem à inocência e à libertação, por outro...

– Por outro... – atalhei-o. – Vamos por parte. Pelo que ouvi, o senhor parece concordar que este depoimento, até o momento, leva à inocência e à libertação do acusado. Assim, como o senhor considera, para registro, o acusado, depois deste último depoimento, observando-se a idoneidade da testemunha e o conhecimento de causa irrefutável? Depois poderemos passar a outras considerações.

O acusador, um tanto titubeante, não teve alternativa senão concluir:

– Inocente!

– Senhor juiz, solicito determinar ao escrevente o registro da conclusão do acusador. Agora poderemos passar a outras considerações, se houverem.

Era o que o acusador esperava, pois achava ter mais um trunfo em suas mãos, trunfo esse que eu lhe favorecera com o propósito de lhe dar falsa segurança e, com um sorriso de vitória, gritou:

– E as ovelhas terrivelmente trucidadas, as pegadas do animal demoníaco que assustou os animais e colocou a família e a criadagem em polvorosa? Como ficam? Como ficam?...

Propositalmente eu havia deixado de lado o outro depoente e, no momento em que o acusador lançou a pergunta, do mesmo modo, não respondi de imediato. Todos os olhos se voltaram para mim e, depois de alguns segundos, não respondi, mas apenas falei em bom som:

– Chamo para depor o senhor Hernandes, e que o escrevente registre tudo.

– Aqui estou, eminência! – exclamou o homem, ao se aproximar.

– Quem é você, o que faz e onde mora?

– Sou Hernandes, chefe do grupo de saltimbancos, e estou acampado com meu grupo fora da cidade, nos limites das terras do senhor Navarro, com a permissão dele.

– E por que você se prontificou a depor, tão prontamente e de forma tão espontânea?

– Porque acho que posso esclarecer algumas coisas deste processo. Fiquei muito triste com a prisão de um homem tão bom, depois de saber das acusações, algumas delas que me dizem respeito. Assim desejei depor.

– Então, relate o que for relevante.

E o homem, com expressões simples mas convincentes, relatou:

– Sou adestrador dos animais que compõem nosso espetáculo circense e faço apresentações especiais com um urso pardo. É grande, de aspecto feroz, mas é dócil como um cordeiro. Dócil até certo ponto, pois, apesar disso, não pode e não deve ser irritado, como qualquer outro animal amestrado ou não. Ele fica muito bravo e, embora por pouco tempo, por seu tamanho, pode causar estragos...

– E o que isto tem a ver com este julgamento do nobre senhor Navarro? – interrompi intempestivamente, como a interpretar a pergunta geral e silenciosa.

– Explico-me, eminência. Dentre o grande número de curiosos que aparecem no acampamento para assistir às apresentações, um homem de atitudes um tanto suspeitas não saía de perto da jaula do urso e por várias vezes o vi implicar com ele.

– Implicar?

– Sim, senhor. Era intencional, pois eu já lhe havia esclarecido a respeito dos cuidados de não irritar os animais;

O Cardeal

contudo, de longe, eu percebi que ele continuava com essa atitude. Ao verificar que meu urso estava indócil demais, fui expulsá-lo do acampamento, mas ele se esgueirou rapidamente. Isso foi ao anoitecer.

– E o que aconteceu depois?

– Nessa mesma noite, o urso fugiu, pois a portinhola reforçada foi destravada e retirada a corrente cujo ferrolho fica sempre fora do alcance das patas do animal. Bem ao lado, encontrei este bastão com o qual ele irritava o animal. Várias pessoas podem testemunhar.

– Em que momento você percebeu a fuga do urso?

– De madrugada. Ao ouvir um forte barulho de metal contra metal, que eu já conhecia: a portinhola batendo na lateral da grade. Corri para o local e encontrei a jaula aberta. O urso havia escapado. Ao clarear do dia, nós o recapturamos, uma vez que, quando foge, o que é raro acontecer, ele fica nas imediações, porque sente falta de gente. Estava calmo a perambular próximo aos currais da propriedade do senhor Navarro.

– E isto foi no dia em que encontraram as ovelhas supostamente sacrificadas pelo animal demoníaco aqui relatado?

– Foi, senhor, mas não foi nenhum animal do demo. Meu urso não ataca pessoas, e sim outros animais, quando irritado. Ele conhece gente e sabe que não fazemos mal, Também não faz para matar; acontece que ele é muito forte. E aquelas pegadas encontradas naquele local umedecido são dele.

– Mas como você pode afirmar isso com tanta certeza? – inquiri, para que prosseguisse.

– Porque a pata esquerda tem um defeito e ela aparece lá.

Eu quis pagar pelas ovelhas mortas, mas o senhor Navarro não aceitou o pagamento.

– Mas esclareça-nos por que somente agora, no tribunal, você relata esses fatos? Por que não o fez antes? Isto poderia ter poupado muito trabalho e aborrecimentos.

– Senhor, desculpe-me, mas procurei as autoridades e relatei tudo, tão logo soube de sua prisão, mas mandaram-me calar, dizendo que me retirasse imediatamente, senão, eu seria preso também. Como eu soube do julgamento, vim para ver se havia alguma chance de ajudar, o que ocorreu justamente agora quando a palavra foi franqueada e a oportunidade chegou.

– Agradecemos o seu depoimento e não se preocupe em pagar as ovelhas mortas por seu urso. Garanto que o senhor Navarro se sentirá grato e muito bem pago com o seu depoimento. Agora volte ao seu lugar.

Hernandes voltou ao seu lugar de assento a olhar com respeito para o senhor Navarro, que levantou a cabeça, pela primeira vez e olhou com imensa emoção estampada no rosto, permitindo que duas lágrimas lhe escorressem pelas faces magras, mas expressivas. Notei que Villena, no fundo da sala, fez discreto sinal de cabeça aos seus dois amigos e os três se retiraram o mais discretamente possível, e não foi necessário que eu assinalasse a Raul que os seguisse, pois ele saiu ao encalço deles.

Aproveitei o silêncio de gelo que se fizera, enquanto ouvíamos apenas o som dos passos do depoente, e falei alto e bem claro:

– Senhor juiz, pode dar o veredicto final, que só pode ser um, sem mais dúvidas ou delongas. Devo me retirar, mas, antes que o faça, por favor, senhor Hernandes!... – exclamei despertando a atenção de todos.

– Alguma coisa a mais, eminência? – respondeu ele, ao interromper o seu trajeto.

– Você é capaz de identificar, se o vir, o homem que abriu a jaula do urso para causar tantos problemas? Ele se encontra neste recinto?

– Sim, senhor!

– Então, senhor Hernandes, exijo que o identifique para nós, aponte para ele, sem receios.

Hernandes, encorajado e seguro por minhas palavras, apontou para um rapaz no meio da multidão e afirmou:

– É aquele de barrete marrom. Foi ele.

– Tem certeza?

– Tenho, pois o reconheço também pela cicatriz na face, abaixo do olho esquerdo. É ele.

Olhei para o homem e me dirigi ao juiz com veemência:

– Com a autoridade que o cargo me confere, exijo a prisão imediata e o interrogatório daquele homem, que agiu com o fim determinado de lançar dúvidas a respeito da honorabilidade de um nobre e do santo ofício.

– Prendam-no! – vociferou o juiz.

A milícia, presente para a segurança local, o manietou e me retirei a passos largos.

Saí convencido de qual seria o veredicto final. Não havia como fazer diferente. Assim, tomei a carruagem de volta para a abadia.

Achava-me cansado. Não estava feliz; ao contrário, achava-me com o coração confrangido, pois fiz o que fiz não por justiça ou caridade, mas por uma espécie de vingança velada. Jamais permitiria que tripudiassem sobre minha autoridade.

Para o público, eu agira estritamente dentro da legalidade. Isto causou boa impressão, pelo menos era o que Raul González me havia exposto. Horas depois, meu ajudante de ordens chegou, pediu licença e entrou na minha sala para apresentar relatório. Antes, porém, me solicitou:

– Eminência, peço licença e autorização para lhe falar sobre o que tenho pensado, com todo o respeito.

– Permissão concedida, Raul. Hoje você pode falar o que bem quiser.

E Raul se expressou, esquecendo-se de sua rudeza para mostrar inteligência e acuidade de antigo nobre usurpado e oculto por uma capa de grosseria:

– Admiro sua inteligência pelas atitudes no tribunal. Para todos significou sua fidelidade à igreja, colocando-se, daquela forma, numa posição moral superior a todos os demais. Ninguém poderá contradizê-lo ou fazer qualquer tipo de cobrança. Vossa eminência deve estar sabendo a quem me refiro, uma vez que não têm como fazer isso, por terem postura moral e legal comprometidas. Agora estão conscientes de suas limitações não esperadas, sempre na impunidade permitida por seus cargos, títulos de nobreza aparentemente ilibados e inconspurcáveis; contudo, têm dúvidas quanto a vossa eminência saber ou não de alguma coisa. Desconfiam que sim, e isto os tem deixado aturdidos. Sua autoridade impôs isso e não sabem como agir.

"Sua posição é inquestionável, mas perigosa, porque eles são ardilosos e não poderão fazer nada abertamente, pois não têm como fazê-lo dessa forma."

– Raul, você tem razão. O que mais tem a relatar?

– Que estão atônitos com a inesperada direção que o processo tomou. Terrível surpresa para eles. Após saírem da sala dos julgamentos, dirigiram-se para um canto mais discreto. Primeiro demonstraram estar decepcionados com vossa eminência, depois com eles mesmos, por não terem sabido avaliar bem sua conduta e postura e buscarão uma solução para

O Cardeal

não perderem o filão interrompido dessa forma. Não sabem o que pensar a seu respeito daqui para diante; estão divididos em opiniões. Villena acredita que vossa eminência agiu com inocência, dentro da lei; Aguillar pensa que vossa eminência é muito mais arguto do que aparenta, e Palmas não tem posição definida.

– E o filão daqui para frente, Raul, escoará ainda mais, pois estarei atento e agirei da mesma forma.

– Eminência, sempre serei fiel e estarei ao seu lado.

– Eu sei, obrigado. Em breve serei convidado para algum sarau a fim de me sondarem; saberei disfarçar e não conseguirão nada.

– Sim, eminência, mas muito cuidado, se me permite dizer.

– Mas por que precisaria tanto de cuidar de mim, Raul?

– Porque aqui fora, com meus homens nas ruas, estradas e viagens, a qualquer hora do dia ou da noite, posso protegê-lo, mas na vida palaciana ou social, nas festas, no meio nobre, tudo pode acontecer, pois os ataques são de outra natureza, sutis e inesperados. Estou acostumado a isso, conheço esse meio e lá nem sempre terei as mesmas condições para fazer uma proteção efetiva. São muitas as armadilhas disfarçadas.

– Fique tranquilo, Raul, estarei atento a isso também, mas qual foi a conversa entre aqueles três?

– Villena, sem notar minha presença, falava muito alto:

"– Amigos, o que está acontecendo?

"– Não sei, Villena – respondeu Palmas –, mas repito: ou ele é ingênuo e inocente ou muito mais ladino, uma raposa velha, apesar da idade, do que nós três juntos.

"– Estamos perdendo muito com isso – arrematou Villena –, e não podemos usar a mãe dele. Ela já está anulada de tal

Walace Fernando Neves

modo que há proibição de procurá-lo. Ela até se afastou de nós, temerosa.

"– Por isso é que estou inclinado a acreditar que é uma raposa velha a tripudiar sobre nós, fazendo-se inocente e, de nós, uns idiotas! – replicou Aguillar. – Mas isso não pode ficar assim, apesar de nada podermos fazer, no momento, nem denúncias, nem acusações. Não se esqueçam de que ele é protegido do frei Torquemada.

"– E mais, estimado pelo rei! – acrescentou Palmas.

"– Então, amigos – arrematou Villena com certo desânimo na voz –, restam-nos duas alternativas: a primeira é deixar correr a vida e aceitarmos tudo como um fato natural, adaptando-nos à nova realidade, uma vez que tudo indica que ele irá prosseguir nessa linha de trabalho...

"– E a segunda? – perguntou Palmas, com certa impaciência.

"– É usarmos a inteligência, com calma, paciência e assertividade. Precisamos pensar, elaborar um plano e, enquanto isso não acontece, faremos o que sempre temos feito, com naturalidade, como disfarce. Há muito que não fazemos uma recepção, um sarau. Promovamos um e, como sempre, ele será nosso convidado especial. Tenho certeza de que comparecerá; afinal, somos seus únicos amigos diletos. Ele ficará satisfeito e pronto!

"– Na verdade, Villena, estamos perdidos e sem uma definição.

"– É só colocarmos a cabeça para pensar e tudo se resolverá – argumentou Aguillar. – Precisamos senti-lo mais de perto e isto acontecerá no próximo sarau. E ele irá.

"– Tenho um plano – Villena voltou a falar com certa animação na voz –, mas nada direi por agora. Tenho que pensar

O Cardeal

um pouco mais e confirmarei no nosso próximo encontro, mas uma coisa é verdade e devemos estar cientes: inocente ou não, ele é muito inteligente.

"– Mas ele é um só e nós somos três – completou Aguillar, também com animação."

Raul terminou seu relato e o autorizei a se retirar.

Compareci ao sarau, como era esperado, que apresentava muito mais bom gosto do que os anteriores, cheio de pompas, luxo, luzes, grandeza.

As portas do palacete de Aguillar se abriram, mais uma vez, àquela sociedade fútil e ansiosa por festas e prazeres de uma noite de gala. Ao chegar, fui saudado com as gentilezas de sempre, um pouco mais exageradas, talvez, e desta feita causei espanto pela forma inesperada para eles. Usei da liberdade que me ofereciam e que o meu cargo impunha e compareci acompanhado por outros três nobres tão fúteis quanto eles, mas de mesma importância social, embora não desfrutassem de mesmo grupo de convívio. Apresentei-os como meus amigos:

– Apresento-lhes o senhor e a senhora Augusto de Lara, o senhor Cristóbal Fuentes e o senhor de Luca, convidados por mim, com os quais tenho o prazer de desfrutar de sólida amizade. Por certo me perdoarão por não lhes ter pedido permissão para essa extensão de convite, pela exiguidade de tempo, mas considerei o alto grau de nobreza desses meus amigos, sua relação íntima com o rei e o nível de compreensão e receptividade dos senhores... – reticenciei em tom de lamento –, ao que prontamente respondeu Aguillar, falsamente solícito:

– Eminência, pelo imenso grau de estima e de intimidade que desfrutamos, reafirmo que os seus amigos sempre serão também meus amigos – o que foi corroborado por Villena e Palmas.

– Entrem, por favor, e façam da minha a casa dos senhores, e fiquem à vontade...

Nenhum deles aguardava tamanha surpresa, mas souberam teatralmente disfarçar suas contrariedades e constrangimento e isto lhes despertou mais desconfiança e o receio maior de perderem sua hegemonia no campo de sua relativa intimidade e convívio comigo. Perceberam que eu me cercara de outras importantes amizades, sem seu conhecimento e há quanto tempo, e que haviam perdido a exclusividade.

Foi um choque e disso eu estava certo, e mais certo ainda de que estava provocando o acelerar de uma reação deles.

Por causa de minhas funções eclesiásticas, nos saraus e outros encontros sociais promovidos por Villena, Palmas e Aguillar, não me expunha no salão principal destinado à festa. Com outros poucos convidados de sua intimidade, permanecia em sala mais retirada, como a da biblioteca ou num alpendre isolado, quando a temperatura da noite permitia, isolados da massa de convidados que se divertiam entre as danças e as taças. Era o suficiente para os meus três amigos que todos soubessem de minha presença naqueles instantes.

Enquanto os meus próprios convidados se divertiam no grande grupo de nobres senhores, mais uma vez eu me detinha na biblioteca para a conversação de hábito e, desta vez, como supunha, ela se desenvolveu entre o fingimento das coisas triviais, com caráter de grande constrangimento para os demais, em virtude dos últimos acontecimentos. Eu de minha parte não me dei a conhecer os sentimentos por não ter do que me constranger.

O Cardeal

– Então – interveio Villena –, que bela e inteligente atuação no tribunal!...

– Sim, eminência, estamos todos admirados – acrescentou Palmas.

– Perfeita atuação – acrescentou Aguillar. – Isto é gratificante.

Meus amigos falavam em tom aparentemente natural sem se comprometerem. Tinham que fazer essas observações, era imperioso, pois, se ignorassem, dariam sinais de desaprovação ou insatisfação.

– É curioso que os seus argumentos, pelo que me consta, nunca foram empregados no tribunal do santo ofício para a defesa de alguém. Vossa eminência acha que tem havido negligência? – interveio Aguillar de forma capciosa, identificando-me sua frustração pelos resultados do julgamento.

– Acredito, nobre Aguillar, que, se o tribunal não tem utilizado essas prerrogativas, é porque, em sua sabedoria, considerando as circunstâncias, não tem visto necessidade de utilizar-se delas.

– Entretanto – insistiu Palmas na provocação –, foi vossa eminência que reavivou aquele aspecto da legislação.

– Sei que o senhor Palmas levará em consideração que coube a mim, naquela contingência, fazer as tais observações legais e, se não o fizesse, tenho certeza de que outro o faria. Devo acrescentar que este é um dos aspectos das regras de competência de alguém que ocupa as funções que atualmente exerço. E mais, com liberdade para aplicar e executar como e quando achar conveniente. Concordam?

– Longe de nós discordarmos, porém...

– Porém, meu amigo... – não o deixei terminar a frase, que se transformaria em elogio, e acrescentei a palavra 'amigo' para atenuar as tensões –, na verdade não fui eu quem tomou a iniciativa. Ali impera o tribunal. Somos apenas executores das regras e cada um tem suas próprias prerrogativas.

– E vossa eminência, nos próximos julgamentos, pretende continuar nessa mesma linha de ação? – voltou Palmas à provocação, aparentemente inocente, ao desconhecer meus esclarecimentos anteriores. Encarando-o nos olhos, por alguns segundos, falei quase num sussurro, marcando cada palavra:

– Devo esclarecer, novamente, que quem deverá continuar nessa ou naquela linha de conduta, nos próximos julgamentos, não serei eu. O tribunal é soberano no todo e na atuação de cada um de seus membros e prosseguirá com seu trabalho, como tribunal, em nome do Senhor Jesus.

A conversação prolongou-se até tarde, um diálogo provocativo e ao mesmo tempo defensivo. Todos numa tentativa infrutífera de me envolverem em contradições e extraírem algo de mim, de meu pensamento, para real compreensão da minha postura. Não me deixei trair um só instante e continuaram sem saber se eu era o que aparentava ser: inocente sem quaisquer intenções dirigidas ou uma 'raposa velha'.

Por fim, despedimo-nos e retornei à abadia. Lá chegando, caminhei por entre as aleias do jardim, pensativo, amargurado, enquanto a lua flutuava na limpidez do céu desprovido de nuvens, naquela noite tépida, fazendo alongar minha sombra e iluminar o entorno.

O silêncio seria total se não fosse o ligeiro farfalhar das folhas no arvoredo pelo vento. Um perfume suave de flores silvestres e noturnas chegou a mim e segui aquela onda de fragrância agradável, até que observei num dos canteiros, o mais recente, pequeninas flores brancas, em quantidade, sob

O Cardeal

o clarão da lua, e somente naquele canteiro. Era o túmulo de Bernadete. O que me trazia admiração era o fato de eu ter plantado ali somente roseiras e não aquelas delicadas flores miúdas e tão perfumadas. Nasceram por si mesmas, talvez por sementes trazidas pelo vento. Mas por que somente naquele canteiro?

Sentei-me num banco próximo e me deixei levar pelas lembranças.

Algumas estrelas fulgiam no céu, enquanto outras permaneciam ofuscadas pelo luar.

Aquele momento de paz me transportou aos velhos tempos da adolescência, na herdade, quando a inocência dos anos me fazia feliz ao lado da mulher que eu já amava, àquela época, sem saber.

Nossos risos e a pureza de coração. A lua era a mesma, o vento era o mesmo, as estrelas eram as mesmas, mas os corações, não, esses não eram os mesmos.

Tomei de uma das flores e rocei-a pela face molhada por minhas lágrimas e, entre a névoa dos olhos mareados, julguei ver aquele vulto querido, belo e bom, aquele rosto amado à minha frente com o mesmo frescor da juventude, de outros tempos. Que bom vê-la se aproximar e passar seus dedos pelos meus cabelos, como sempre fizera, com imensa ternura! Então, senti aquela mesma felicidade de outrora... Mas, num momento, deixei que a revolta tomasse conta de mim. Não, não podia ser. Ela estava morta, essa era a triste e dolorosa realidade. Num acesso de raiva, chorei, convulsivamente, até a madrugada.

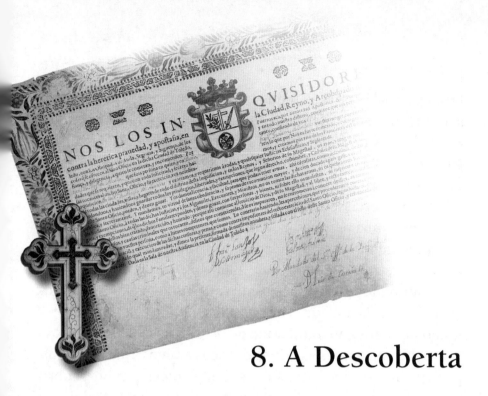

8. A Descoberta

Tudo se desencadeou com rapidez. Apesar de ter cedido a milícia, sob o comando de Raul González, continuei de pulso firme. Agi de modo que o novo inquisidor não conseguisse montar sua própria milícia para que Raul lá permanecesse de olhos e ouvidos abertos, por sua fidelidade, sob meu comando e, assim, o tribunal, longe de sair das minhas mãos, como tentaram fazer Palmas, Villena e Aguillar, mais ainda se achasse sob minha supervisão oculta. Ao dominar meu substituto com mão de ferro, instruía-o sobre como frustrar os processos de espoliações dos aprisionados. Um por um, os injustiçados ficavam livres de oferecerem quaisquer espólios para aqueles que se denominavam fiéis tutores de um terço dos bens confiscados. Ficavam atordoados e sem condições de questionarem o meu substituto. A fonte de renda ilícita cessara e isto os irritava profundamente, para a minha satisfação pessoal. Passei a atender aos seus costumeiros convites, agora com mais parcimônia, uma vez que, para a sociedade, era muito natural que um cardeal se isolasse mais na sua cátedra de poder. Desconfiavam e guardavam quase certeza de que o domínio ainda era meu. Por isso, talvez, Raul discretamente me alertasse quanto a algum perigo no ar.

Com minha permissão, Raul permanecia mais tempo fora, a fim de atender aos mandados do tribunal do santo ofício, enquanto eu era atendido pelo silencioso serviçal.

Com o passar dos dias, sentia-me enfraquecido, a cansarme com mais facilidade; a magreza se ampliou e, apesar de profundo desânimo, mantinha-me de pé para espanto de muitos.

Eram constantes as visitas de meus amigos, que me acompanhavam, e visível os esforços dos médicos para descobrirem, pelos sintomas, as causas dos insidiosos incômodos que me acometiam.

Como velha carruagem em longa estrada, os meses se passaram com extrema lentidão e, certa manhã, alguém bateu de leve à porta da minha cela e, de imediato, identifiquei o serviçal. Irritei-me por ter aparecido àquela hora da manhã, mas mesmo assim autorizei a sua entrada em meus aposentos. Entrou cabisbaixo, com a mesma falsa atitude de humildade, e, ainda irritado, interpelei-o:

– Fale! O que é tão importante para que me viesse acordar tão cedo?

– Desculpe-me, Eminência – reticenciou ainda cabisbaixo. – É que Raul chegou e precisa urgentemente falar com o senhor.

– Então, mande que ele venha logo!

– Desculpe-me, de novo, eminência, mas ele está nos seus aposentos e não pode vir aqui.

O Cardeal

– E por quê? – continuei irritado. – O que o impede de vir até aqui?

– É imperioso que vossa eminência mesmo veja...

Pressenti que algo muito sério havia acontecido. Dirigime célere, o quanto pude, aos aposentos de Raul e lá estava ele, em seu leito, ladeado por dois dos seus homens de confiança. Parecia agonizar. Ferido à arma branca com cortes por todo o corpo e profunda estocada no peito. Permaneci calado, enquanto ele fazia sinais para que todos se retirassem. Assim feito, ele falou com dificuldade:

– Perdoe-me, eminência, por chamá-lo aqui, mas não tive condições de ir até à sua cela...

– Aguarde, pois vou mandar vir um curador.

– Não, eminência, sei que estou morrendo e preciso ganhar tempo...

Aquele homem estava sofrendo muito, iria morrer, em breve, e eu precisei segurar a emoção naquele momento tão constrangedor.

– Fomos emboscados – continuou ele num fio de voz. – Nossos atacantes sabiam, de antemão, nosso roteiro de viagem. Foi um terrível massacre... todos morreram e pensaram que eu também estivesse morto.... Depois que se foram, encontrei um dos nossos cavalos perdidos e consegui chegar.

– Você identificou algum dos agressores?

– Estavam todos encapuzados, mas julguei reconhecer a voz de um deles a conversar com o comandante ao falar de missão cumprida e que 'o chefe' ficaria satisfeito...

– E quem é ele Raul?

– Não sei o nome, mas me pareceu um dos mercenários do castelo dos Villena...

– Tem certeza, Raul? – perguntei ansioso.

– Tenho sim, pois vi parte da insígnia semiescondida e era daquela casa de nobres... Cuidado, eminência... Muito cuidado... Há perigo!... – e ali mesmo Raul morreu.

Essa era a realidade, Raul morto. Não deixei de sentir grande admiração por ele. No meio daquele emaranhado de sentimentos e de interesses escusos na sociedade e seus desleixos para com a moralidade, ele era uma figura ímpar. Apesar de sua truculência, era culto, inteligente, cujos valores ele ocultara por desejo próprio, servidor fiel com grande senso de gratidão, até a subserviência total, fiel a ponto de gostar de me servir. Com sua morte, senti-me desamparado. Olhei-o longamente em silêncio e, com sinceridade, agradeci a Deus por sua presença em minha vida.

Por dedução, sabia que mudanças iriam ocorrer no meu caminho.

Eu, o todo poderoso da igreja, o Cardeal, com passagem livre pela corte, junto aos reis, ali me sentia impotente.

Ordenei que ele fosse enterrado sem qualquer alarde, na cripta da abadia, apesar de o local ser autorizado apenas para as famílias nobres. Para mim, ele era um nobre.

Daí por diante, atendi algumas vezes aos convites dos meus antigos amigos e eles, com total desfaçatez, não faziam quaisquer comentários sobre o ocorrido, apesar de não verem mais Raul ao meu lado. Estavam determinados a fingir desconhecerem aqueles fatos tão marcantes e tão comentados. Ou tinham medo de se condenarem ou evitavam, a qualquer custo, permanecer em situação constrangedora. Do convívio social da nobreza, apenas os três não faziam comentários. Era sintomático, e eu agia do mesmo modo, naquele jogo de falsidades a mim permitido por minha autoridade inquestionável pelos níveis sociais e aos nobres logo abaixo de mim.

O Cardeal

Aos poucos me isolei com a desculpa dos afazeres eclesiásticos, também inquestionáveis, e, nas raras e repentinas vezes de meus comparecimentos no meio social, percebia o indisfarçável constrangimento que isso causava. Eu incomodava e isto me dava algum prazer.

Meses depois, meus achaques se ampliaram. Muito enfraquecido, fiquei retido ao leito, assistido pelos médicos da corte que não conseguiam identificar a origem do mal que me acometera. Por isso, davam-me algumas tisanas com vinho para minimizar as minhas angústias. E, quando os males mais se agravaram, fui visitado pelos meus velhos conhecidos, obrigados pelas circunstâncias. Após curta conversa formal, eles se retiraram, desejando-me recuperação, mas não sem antes que eu percebesse a troca de significativos olhares com meu serviçal, o substituto de Raul.

Senti muita sede e ele me trouxe mais uma tisana que sorvi com sofreguidão, vivamente observado por ele, e julguei perceber um leve sorriso misterioso em seus lábios antes de sair dos meus aposentos. Transpirei muito, senti imensa dor no peito e desfaleci, tombei no leito num último suspiro, nos estertores da agonia final.

De repente faltou-me o ar nos pulmões, a agonia se avultou, terrível a dispneia, violentos tremores, intensa sudorese. Tentei gritar e gritei. Um grito rouco e entrecortado, repetido, de desespero e de imensa angústia a quebrar o silêncio naquela total escuridão. Nada via. Repentinamente, um turbilhão imenso me invadiu, avassaladoramente, e as trevas pareceram mais escuras. Depois a perda total da consciência...

– Eminência!... Eminência!... – uma voz conhecida, mas distante, quase apagada, parecia aproximar-se aos poucos.

Walace Fernando Neves

A voz ficou mais forte e mais insistente, o que me dava algum conforto, mas, repentinamente, um turbilhão imenso me invadiu avassaladoramente e as trevas pareciam mais escuras novamente. Depois a total perda de consciência, o nada num tempo sem limites, o silêncio!...

– Eminência, estou aqui!... Estou aqui, eminência, acalme-se!... – novamente aquela voz se fez presente.

A violenta parada respiratória havia se amainado; todavia, a angústia ainda me oprimia o peito e eu respirava com dificuldade. Aos poucos, a névoa se dissipou mais e entrevi um vulto ao meu lado a me chamar. Tentei me levantar, mas não tive forças. Eu começava a despertar de profundo estado de crise, cuja duração mais aguda eu não podia determinar.

Percebia-me jogado ao chão duro revestido por largos e irregulares lajões de pedra escura, polidos pelo tempo, numa espécie de salão contornado por altas paredes ciclópicas, sem reboco, ou de reboco desgastado em alguns lugares.

Com as forças que me restavam, desejei procurar a saída daquele estranho castelo. Andei, ou melhor, arrastei-me por corredores intermináveis que desembocavam em tantos outros, também sombrios, formando intrincado labirinto. Algumas daquelas criaturas, semelhantes a mim, perdidas talvez como eu, seguiam-me as andanças, à distância, como um batalhão demente e silencioso.

Empurrei a pesada porta lavrada em madeira de lei diante da qual me detivera, entrei devagar e permaneci só, naquele ambiente que me era familiar.

O fino pó depositado pelo tempo por sobre tudo compunha o cenário envolvido por velhas teias de aranhas; das paredes pendiam retratos em pinturas a óleo de personagens que identificavam sua relação com ordens eclesiásticas. Sobre

O Cardeal

a mesa maciça, alguns objetos que me pareciam conhecidos: sacrário, cálice dourado, navetas, estolas bordadas a ouro, embora corroídas e amarelecidas, um volume da *Bíblia Sagrada*, também velha e empoeirada...

Um catre mal recoberto por colcha púrpura e almofadas bordadas a ouro com símbolos eclesiásticos demonstravam falta de uso de longa data. Tudo me intrigava, mas, aos poucos, eu parecia recordar... recordar...

Cambaleante, deixei-me cair, pesadamente, extenuado, na cadeira antiga.

Quanto tempo assim permaneci, dividido entre momentos de ansiedade e prostração e outros de total inconsciência? Não consigo avaliar.

Pareceu-me ouvir sons à porta, a princípio baixos, mas firmes... Despertei repentinamente e me vi, novamente, em um aposento daquele velho castelo, sentado na cadeira e ainda com a cabeça pendida ao peito. Ergui-a com dificuldade e custou-me compreender que voltava a viver a situação anterior àquela estranha sonolência.

Ouvi novamente as batidas à porta. Levantei-me com certa dificuldade por causa do imenso torpor que me dominava, coberto pelos andrajos, embora me identificasse a posição graduada nas hostes clericais. Abri a porta e me deparei com uma criatura, um homem que percebera estar acompanhando aquela turba de dementes afastada por meus gritos. Apesar dos seus cabelos desgrenhados, roupas velhas e esfarrapadas, somente ele permanecera demonstrando lucidez e determinação. Na semiobscuridade achei que o conhecia, mas quem seria ele? O que fazia ali? Percebi seu olhar lúcido e firme, mas de postura de total subserviência.

E aquele homem, ao me ver, olhos nos olhos, em silêncio, abaixou a cabeça e assim ficamos por alguns segundos... Por fim, irritado, perguntei:

– Quem é você? O que quer?... Há tempos que me espreita à distância... Entre de uma vez e diga o que pretende!...

Ele entrou e, inesperadamente, ajoelhou-se e tomou-me a mão para oscular. Interrompeu o gesto antes que o fizesse, olhando-me inquiridor, ora para minha mão, ora para mim, todavia, completou seu intento ao verificar o anel sobre a escrivaninha...

– Levante-se e... o que quer aqui? – perguntei novamente, com o mesmo tom grosseiro.

– Vossa eminência reverendíssima, sou eu, o seu ajudante de ordens, estou à sua disposição – respondeu ele, sempre cabisbaixo e titubeante, e eu, todavia, sem entender aquela nova situação, insisti:

– Por que à minha disposição?

– Porque sempre foi o que eu fiz. Nunca soube fazer outra coisa e o aguardava para saber o que fazer, até que vossa eminência chegou...

Agora eu tinha certeza, eu era uma autoridade, mas tudo estava profundamente nebuloso.

– Mas o que está acontecendo? Explique-se! – ordenei com rispidez.

– Perdoa-me a ousadia, mas no momento sei que posso ajudá-lo. Todos chegam aqui como vossa eminência, contu-

O Cardeal

do, as coisas vão ficando mais claras, aos poucos. Como disse, sou o seu fiel ajudante de ordens para tudo.

– E essa horda de dementes, lá fora?

– São todos seus comandados e sempre estiveram sob seu comando.

– Não, não é possível, não os conheço, nem eles nem você. Não chefio imbecis!...

– Realmente, vossa eminência nunca os conheceu, pois eram executores de suas ordens por meu intermédio. São fiéis, também. Na sua ausência assim permaneceram...

Quase em desespero, não sabia o que fazer ou o que pensar. Aquilo deveria ser um grande pesadelo, talvez por estar ainda aturdido.

Eu já esquecera completamente daquele mergulho no passado. Passado? Disse eu? E por quê?

Vivia também outra forma de incógnita. Aquele homem, meu ajudante de ordens, meu subordinado, me informou:

– Vivemos uma realidade que jamais poderíamos supor se materializasse. Pensei também que vivenciava um pesadelo horroroso. Aos poucos, descobri que não mais vivia na Terra. Meu corpo foi trucidado por nossos inimigos; ninguém o atingiria, eminência, sem primeiro me atingir, mas de algum modo conseguiram o intento. Depois de muito vagar por este mundo desconhecido e estranho, eu descobri que sobrevivera ao meu assassinato e continuava vivo, embora sem aquele corpo que era meu. Assim, todos nós, todos os seus comandados, um por um ou em grupo, fomos eliminados do mundo dos vivos. Para minha surpresa, descobri também que podia ver todos os considerados vivos sem ser visto por ninguém, nem pelos nossos velhos inimigos. Assim, iniciei a vingança contra os falsos e traidores, nossos e da santa madre igreja. Mas agora aguardamos ansiosos o seu comando para chefiar a ação, a vingança cruel e dura que todos eles merecem.

– Você deve estar louco. Jamais ouvi algo tão fantasioso. Pensa que sou louco para cair num conto dessa ordem?

– Desculpe-me, eminência, mas se preferir eu paro com este assunto. Não há pressa. Temos todo o tempo do mundo.

– Estou cansado e confuso. Sei que te conheço. Fale-me um pouco mais de tudo que me está acontecendo.

– Chamo-me Raul González e estou a seu serviço há muito tempo. Eu também passei por essa situação, nos primeiros tempos de minha chegada deste lado. Logo depois, descobri que permanecia vivo depois de morto.

Raul Gonzáles... Sim, lampejos do meu passado retornavam à minha memória.

– "Depois de morto"... Você pode me dizer o que exatamente me aconteceu?

– Descobri que, após favorecerem sua ascensão, vossa eminência foi utilizado por alguns nobres que se beneficiavam de suas decisões, mas eles não contavam com o aumento do seu poder nem com sua interferência em seus negócios. Acompanhei toda a trama, e não a pude impedir, desde a colocação daquele serviçal a serviço dos traidores. Eu e meus homens fomos emboscados e eliminados para tirarem a sua segurança e poder.

– Compreendo, me assassinaram!... Compreendo toda a trama que me foi armada para me assassinarem, mas nada conseguiram. Palmas, Aguillar e Villena não perdem por esperar, não sabem que sentirão o peso de minhas mãos. E você desconfiava de tudo – exclamei um tanto desolado.

O Cardeal

– Agora, eminência, conheço todos os seus planos, ouço-lhes as conversas e até seus pensamentos e conheço as suas fragilidades.

– Então, Raul, temos somente um caminho, o da vingança.

– Continuo fiel a vossa eminência. Agora somos almas livres. Não gostei de ter saído do mundo, mas aproveitarei a oportunidade que me ofereceram. Desculpe-me, nos ofereceram.

– São traidores do reino, da igreja e, particularmente, meus!... Assim manteremos fidelidade à santa madre igreja, mesmo nesta outra vida estranha e incompreensível – falei com veemência, movido pala revolta, embora muito ofegante, e, ao silenciar para um descanso, Raul prosseguiu:

– Aproveito para informar-lhe, eminência, que os meus homens...

– Aqueles dementados e imbecis são os seus homens?... – interrompi com certo desdém.

– Sim, senhor, são dementados porque só sabiam ser comandados e, mesmo na sua demência, continuam dependentes e fiéis. Serão muito úteis, garanto-lhe.

Durante longo tempo ouvi o meu pretenso 'braço direito' ou ajudante de ordens. E, à medida que ele falava, com a segurança advinda da liberdade que eu lhe concedia, fui verificando o meu poder e minha força, o meu senso de autoridade e de domínio. A ação indutiva de sua narrativa abriu-me, pouco a pouco, a consciência adormecida. Ao final, acrescentei:

– Agora saia, preciso descansar!

Estarei aqui do lado de fora, se precisar, eminência!

Em pouco tempo, Raul me havia posto a par da situação nova que agora vivenciava e de todos os detalhes daquele ambiente paralelo ao da abadia em que vivera. Tivera mesmo a possibilidade de reencontrar meus algozes, que ali haviam ido, em busca de informações junto ao abade.

Algum tempo depois, Raul, sempre respeitoso, procurou-me:

— Eminência, gostaria de fazer algumas considerações...

— Pois fale!

— Sei por que o três procuraram o senhor abade ao pedirem apoio e orientação.

— E como você sabe disso?

— Os elementos do bando que me seguem as ordens, desde antes de serem trucidados, têm a mente fraca e não têm noção do que aconteceu com eles, mas alguns poucos possuem alguma lucidez e três deles eu os coloquei para seguirem de perto e constantemente o senhor Palmas, o senhor Aguillar e o senhor Villena, e eles me relatam todos os acontecimentos...

— De hoje em diante, você não os chamará por senhores, e sim pelos seus nomes. Não lhes devemos respeito nem de nobreza, mas continue. O que você apurou?

— Após os assassinatos, sob sua ordem oculta, permanecem muito preocupados. Sentem-se ameaçados e ansiosos.

— Ameaçados como? — perguntei com ansiedade.

— Eles sabem que vossa eminência criara novo círculo de amizades fiéis dentre os nobres que não partilham da intimidade do círculo deles. Imaginam que alguns, os quais não conseguem identificar, conhecem algo a respeito de suas tramas.

— E como saberiam, se fosse o caso?

— Sentimento de culpa e medo ao imaginarem que vossa eminência teria contado aos amigos algo antes de falecer. E o que é mais importante de tudo isso, estão acuados pelo medo de estarem sendo vigiados a todo instante. E têm razão.

O Cardeal

– Isto não tem fundamento, Raul. Eu nada contei para os meus amigos, não tive tempo, e não coloquei ninguém para vigiá-los...

– Eles pressentem, nitidamente, a presença dos meus vigilantes e o sentimento de culpa faz o resto.

– Agora que tenho completa ciência de tudo, a revolta me incendeia e este fogo não se apagará enquanto os culpados não sofrerem as consequências de seus atos. Conto com você.

– O senhor sabe que pode contar comigo – respondeu Raul com certa emoção na voz. – Eu também fui vítima por estar ao seu lado. Eu o respeito, obedeço e estarei sempre a seu serviço.

– Obrigado, Raul! – agradeci-lhe pela primeira vez. – Agora vamos refletir a respeito dos acontecimentos. Você percebeu que os três visitaram o abade porque pensaram estar sendo perseguidos. Se o abade soubesse de alguma coisa, tinham a esperança de ele vir a interferir em favor deles. Você também falou que deixou vigilantes junto a Villena, Palmas e Aguillar para se reportarem a você a respeito dos passos, atitudes e sentimentos deles. Deixá-los lá é uma oportuna providência.

– E o que faremos, eminência, de nossa parte?

– Vamos planejar novas ações. Agora sabemos que os três têm percepções e as consciências invadidas por temores e pesadelos, por pensarem que eu, antes de morrer, ou melhor, antes de me assassinarem, tenha contado a alguém. Sentem-se perseguidos e observados, achando que por asseclas meus, mas na verdade o sentimento de culpa é que fala mais alto.

– Também descobri que Aguillar e Palmas estão casados e Villena está noivo e que suas mulheres são sensíveis, pressentem nossa presença sem saberem o que lhes ocorre, nessas ocasiões.

– Então, Raul, não nos será difícil atormentá-los o quanto desejarmos.

– Sei também que frequentemente se reúnem e trocam impressões. Proponho, eminência, que por algum tempo, sem querer imiscuir-me em suas decisões, acompanhar seus colóquios para angariarmos mais informações.

– Bem pensado, Raul, bem pensado. Concordo. Há outro fator de grande importância. As esposas (eu as conheci quando nos encontramos pela primeira vez em palácio) são fúteis e volúveis. Pela amizade e liberdade que têm um com o outro, visitam-se mutuamente, independentemente de estarem os maridos em casa ou não... – reticenciei com insinuação.

– Compreendo o alcance de suas conjecturas e afirmo que o celeiro para as intrigas é bem apropriado.

Ao anoitecer, dirigimo-nos à residência de Aguillar, que estava reunido com Villena e Palmas para um entretenimento com o gamão.

Quando lá chegamos, achavam-se em animada conversa sobre trivialidades e política, intrigas e mexericos da vida social e palaciana; tomavam vinho, à larga, e riam bastante. Bastou que adentrássemos a sala de jogos para que tudo se modificasse. Aguillar silenciou. Repentinamente, ficou taciturno, mas prosseguiu no jogo.

Raul olhou para mim, significativamente, e observou:

– Percebeu, Eminência, a mudança no clima ambiente?

– Percebi, sim, Raul, mas não compreendi o porquê.

– Nesta nova vida estranha, eminência, acontecem muitas coisas diferentes e incompreensíveis. Eu as observo e catalogo em minha mente para meu uso, quando necessário.

– E você sabe o que aconteceu agora?

O Cardeal

– Não conheço os mecanismos dos acontecimentos, mas aprendi, nessa minha vivência, que os mortos e os vivos – bem entendido o que é morto e o que é vivo – sentem uns aos outros com maior ou menor intensidade. De alguma forma existe uma ligação nossa com os três; como ocorre, eu não sei. Não se dão conta, mas nós podemos influenciá-los, sobremaneira. Parece que seus pensamentos reagem aos nossos e suas evocações surgem, de imediato, com nossa presença.

– Observemos, então, Raul – e passamos a prestar mais atenção neles.

– O que está acontecendo com você, Aguillar; silenciou de repente? – perguntou Palmas.

– Estou a pensar naquele que se foi...

– Quem se foi, amigo?

– Quem?!... E você me pergunta quem? Lógico que no velho amigo, o Cardeal – respondeu Aguillar com certa irritação na voz.

– Nós estamos aqui a nos divertir, a rir e a beber, a aproveitar a vida – prosseguiu Palmas –, e você a pensar naquele tal... mas que vida é essa a nossa?

– Vida sobre a qual – prosseguiu Aguillar – paira uma sombra, um permanente sobressalto... É por isso que silenciei.

– Aquele infeliz do Cardeal foi muito ladino – interferiu Villena. – Deixou-nos numa incerteza, numa sensação de perigo, de retaliação e, sem sabermos de qual direção poderá vir qualquer coisa. O que fazer? O que fazer?

– Podemos investigar – retornou Palmas. – Temos pessoas de relevo social que nos são dependentes e que poderão fazer sondagens.

– Então, você se encarregue disso. Você é especializado nesses assuntos e o abade não nos acrescentou nada.

Enquanto aqueles amigos conversavam à meia-voz, taciturnos, como se evitassem ser ouvidos, Raul e eu tecíamos nossas considerações.

A um canto, sem demonstrar que percebiam nossa presença, três criaturas estranhas e de feições rudes permaneciam quietas de olhar fixado nos três amigos. Raul, ao identificar minha curiosidade, esclareceu:

– São as sentinelas de que lhe falei, meus comandados. Obedecem-me cegamente, e não arredarão pé daqui. Quando os três investigados se dispersarem, estarão acompanhados por onde forem, nas ruas, no lar... As famílias deles, as esposas, principalmente, recebem as influências dessas criaturas e mudam de humor, de imediato. Os três já estão sofrendo as consequências dessa aproximação, ainda leve, mas há de piorar.

– Vamos, então, às casas deles para auscultarmos as esposas.

– Sim, eminência, mas qual delas?

– A Aguillar, mas como iremos lá?

– É aqui perto, caminhemos até lá.

Em pouco tempo, encontramos o belo palacete. Entramos e na grande sala de estar encontramos a esposa do velho amigo, reclinada numa poltrona; parecia meditar, entre triste e aborrecida.

– É uma perda de tempo estarmos aqui, na casa do Aguillar; só há a esposa dele e ela está quieta no seu canto.

– Perdoa-me, eminência, mas aqui podemos atuar muito.

– Como, Raul? Não entendo!

– Eminência, aprendi que é possível perceber o pensamento dos 'vivos'.

– De qualquer um?

– Não, eminência, nem todos possibilitam isso. Descobri que isso somente é possível quando há algo que permite a ligação.

O Cardeal

– E como se procede para fazer o que você diz? – perguntei interessado.

– Eu ponho minha mão sobre a cabeça da pessoa, desejo fortemente ouvir seu pensamento, imagino-me dentro da cabeça dela e, o que é mais surpreendente, as pessoas registram como se fossem pensamentos delas.

– Custa-me a crer que isso seja possível, mas vou experimentar.

Procedi conforme as orientações de Raul e percebi palavras soltas, esparsas, frases incompletas que, obviamente, não eram originadas no meu pensamento. Aos poucos, à medida que me interessava mais e dirigia melhor a minha vontade, registrei com clareza os pensamentos daquela mulher. Quando minha atenção se desviava, os sinais mentais enfraqueciam. Eram pensamentos e reflexões onde se mesclavam a tristeza, a raiva e a frustração. Então, entrevi, naquele momento, um valioso campo exploratório para as nossas intenções. 'Ouvi', dessa maneira, por algum tempo ainda, as reflexões dolorosas daquela mulher:

"Não compreendo porque Aguillar se casou comigo... Sei que havia fortes interesses de nossas famílias nessa união, mas será que foi somente por isso? Ele parecia tão apaixonado. É verdade que sempre foi um irresponsável. Aliás, daqueles três não sei qual mais irresponsável. Mas me abandonar todas as noites para se divertir com os amigos, e sei lá com quem mais. Ah, os homens!... Não tem cabimento. E as suas obrigações como esposo? Parece que casamento entre nobres é sempre assim. Achei que seria interessante para mim, socialmente, casar com um homem cortejado e disputado. O amor viria depois... Porém, acho que se desgastou antes de chegar."

Maria Sanchez Aguillar mais e mais se aborrecia, e prosseguiu:

"Agora não passo de um troféu a mais conquistado por aquele campeão de caça à raposa, que se empoeira numa prateleira qualquer. Tenho e não tenho marido. Não tenho culpa se essa aversão cresceu dentro de mim e não posso me libertar dele; minha posição social não permite e seria desprezada até por minha família. Mesmo assim, espero que ele não me tenha trocado por aquela doidivanas da Lídia que, apesar de noiva do Villena, vive a trocar olhares muito significativos com meu marido. Mas isso não vai ficar assim, nada falarei, fingirei, mas tomarei minhas providências..."

Raul, inteligentemente, observava minhas reações e via que eu não podia esconder o espanto por encontrar condições de ouvir o pensamento de alguém.

– O que pensa fazer, eminência?

– Estou a deduzir que, se somos capazes de nos inteirar dos pensamentos de outrem, então poderemos também induzir pensamentos...

– Isto é correto, eminência, e já passei por essa experiência.

– Isto é perfeito para os nossos propósitos para atingir essas criaturas inomináveis. Se desejar, poderemos experimentar agora mesmo.

Não sabia como fazer; no entanto, olhei fixo para aquela mulher e pensei com firmeza, e ela, de imediato, reproduziu em voz alta palavra por palavra:

– Tenho certeza de que Aguillar se encontra com Lídia, às escondidas. Tenho certeza!... – e acrescentou, perturbada: – Mas que loucura a minha, estou falando comigo mesma, aqui sozinha!...

O Cardeal

Maria Sanches, sob aquela indução, prosseguiu a falar em voz alta, mais irritada:

– Não vejo outra explicação, mas é impossível que ele tenha perdido o seu interesse por mim. Ah, agora me lembro, no sarau aqui em nossa casa.

Maria se levantou, continuou com seu monólogo, a andar de um lado para o outro:

– Ele conversou muito com ela, depois foi excessivamente gentil com a filha do comendador. Ou será com a nossa serviçal. Ela é muito bonita, mais bonita do que eu e ele já a mediu de cima abaixo com os olhos. Seu interesse é indisfarçável, apesar de ser serviçal e sem classe. Que continue e eu o observarei melhor daqui para adiante, mas de alguma maneira ele há de se ver comigo!

Após induzir pensamentos de desconfiança em Maria Sanchez, demandamos à morada da Lídia, noiva de Villena, uma bela residência retirada do centro urbano.

Jovem volúvel, caçadora de conquistas amorosas, apesar de noiva, foi fácil acalentá-la com pensamentos de invasão da intimidade amorosa de Aguillar, e pouco a pouco dominávamos os meios de ouvir e induzir pensamentos e ideias.

Raul, que me antecedera na morte, tornara-se meu instrutor nessa arte, por sua experiência. Contudo, os processos e ideias de provocar tormentos eram todos meus. Em pouco a unidade dos três, Villena, Aguillar e Palmas, estava abalada, a grande amizade estava prestes a se romper. Nos homens, cultivávamos a desconfiança quanto às suas companheiras e, nas mulheres, insinuávamos quadros mentais que as faziam deduzir a infidelidade deles. Em suas mentes, todas as atitudes mereciam desconfiança. Por outro lado, a insegurança mútua levava às frequentes discussões, angústias e desespero, aliados ao grande receio dos três de que estavam sendo vigiados por alguém que eu deixara com essa incumbência. O caos estava instalado e a qualquer momento chegariam à agressão física; era só uma questão de tempo, pois não havia pressa.

Eu estava profundamente obcecado, com todas as minhas energias e pensamentos concentrados, em tempo integral, na vingança.

Sei que os meses se passaram sem que eu percebesse, contudo, lentos como as nuvens que passam no céu no fim do verão, mas contínuas. Durante esse tempo articulamos os conflitos e as desavenças, reduzimos as ações crescentes que poderiam levar às situações trágicas, pois assim poderíamos prolongar por tempo indeterminado o mal-estar entre os três protagonistas: as desconfianças, os contínuos aborrecimentos por ninharias, os homens com desconfiança a respeito da conduta de suas companheiras, e as mulheres, de igual modo, com sérias desconfianças das atitudes de seus companheiros, embora sem comprovações. O casamento de Lídia com Villena, por isso, fora adiado inúmeras vezes. Já não mais se encontravam com a mesma frequência e, quando o faziam, era para dar satisfação à sociedade de que tudo estava bem.

Cada reencontro, agora eventual, era uma tortura para eles, devido à minha presença e à de Raul, acrescida das sentinelas que os faziam recordar-se de coisas que desejavam esquecer. Culpavam-se uns aos outros e nós nos vangloriávamos disso. A cada dia nos surgiam novas ideias para tortura mental e psicológica. Então, por que fazê-los matarem-se uns aos outros? Era melhor assim para a instilação diária de novos 'venenos'.

Contudo, alguma coisa estava a me acontecer, algo muito estranho invadia-me a alma, um sentimento inex-

O Cardeal

plicável. Não conseguia definir minhas novas sensações, em duplicidade com o ódio e o desejo de vingança. Eu sentia a alma doente, o coração opresso e descompassado, uma dor sem doer e a imensa lassidão. Alguma coisa muito profunda me atingia.

Raul tinha explicações para tudo, todos os acontecimentos com relação à vida espiritual, e com aqueles motivos de nossas ações, mas isso era inusitado para ele, não era de seu conhecimento; portanto, não tinha explicações. Desconcentrava-me facilmente para entrar em luta com aquelas emoções que teimavam em invadir meu íntimo.

9. A Visita

Depois de muita relutância, decidi voltar àquele ambiente em que me encontrei desperto, pela primeira vez, após a minha morte. Pelo menos ali, pensava eu, entre o que eu chamava de meus pertences, naquela cripta estranha e sombria, talvez eu pudesse encontrar-me comigo mesmo e refletir, meditar a respeito.

Raul deixou as sentinelas junto aos três velhos amigos, com as instruções de como proceder na nossa ausência, e voltou comigo.

Entrei na minha cela, enquanto, como sempre, ele permaneceu do lado de fora. Joguei-me no catre com as mesmas vestes que obtivera, como se estivesse chegando de uma longa viagem.

Não adormeci. Permaneci mergulhado em grande torpor, mas com plena lucidez. Ao olhar, de novo, tudo aquilo que me cercava, antigas imagens me invadiram a mente repleta de lembranças.

Invadido por aquelas estranhas emoções nunca sentidas, ali deitado, deixei que meus pensamentos vagassem e, de imediato, vieram-me as lembranças, velhas lembranças que eu supunha enterradas pelo tempo. Com as imagens vivas da minha meninice despreocupada, acomodaram-se as brincadeiras na herdade, o caminhar pela trilha no campo florido nas manhãs de primavera, o correr feliz pelo relvado cheio de orvalho, a fumaça saindo das chaminés das choupanas dos colonos da minha família, a floresta de carvalhos por onde tantas vezes corri atrás de algum esquilo, por mera brincadeira, o azul do céu no outono e o cair das folhas mortas, o cântico dos lavradores à hora da colheita e as festas populares. Era tudo tão bonito com as brincadeiras próprias das crianças ao lado de Bernadete, tão meiga e delicada. Depois, a adolescência e a juventude, os sonhos e anseios do menino que queria se tornar homem, o aprendizado com o mestre de armas, os jogos de cavalaria e o cavalo preferido...

Ah, a descoberta dos sentimentos mais profundos e inconfundíveis do amor! O companheirismo e o compartilhamento, com ela, das sonhadas esperanças interrompidas.

Chorei e gemi baixinho, enquanto as imagens corriam velozes pelo coração agitado logo abaixo das lágrimas quentes a rolarem pelas faces, como se elas desejassem ir ao encontro do outro.

A porta da cela estava entreaberta e Raul entrou cuidadosamente. Deve ter ouvido meu soluçar. Entrou, sentou-se no chão e permaneceu em respeitoso silêncio. Como se o considerasse meu confessor, narrei-lhe tudo com as pinceladas da emoção que me acometia.

O Cardeal

Raul, noutros tempos, fora um nobre cavaleiro, que, apesar da sua atual truculência, fora educado, culto e gentil, nos moldes da nobreza de então; entretanto, os revezes da vida o transformaram numa criatura impiedosa e fria, mas profundamente fiel e grato. Olhei-o por entre as lágrimas e, surpreso, vi-o também com os olhos marejados. Ele me observava e, a seguir, permaneceu cabisbaixo a ouvir a narrativa, ao mesmo tempo bela e dolorosa.

Tudo era quase real que me parecia sentir o perfume adocicado das flores do campo. Então...

Então, falei com ele, tentando controlar as emoções:

– Saiamos daqui, vamos lá para fora, sinto sufocar...

Saímos da cela, atravessamos o corredor em semiobscuridade, como sempre, e chegamos à cripta. Precisei sentar– me num dos degraus. Mais adiante, abaixo, quase oculto pela penumbra mais densa, o grupo de Raul recuou à nossa chegada, ocultando-se um pouco mais.

– Raul, tomei uma decisão!

– Sim, eminência...

– Dispense seus homens, ou melhor, esses espíritos, já não sei mais como nomeá-los.

– Posso fazê-lo, mas dementados como são não saberão o que fazer de suas vidas.

– Mesmo assim, Raul, dispense-os!

Raul, de pé, desceu dois degraus e aquelas criaturas se aproximaram, por reconhecê-lo como seu comandante.

A luz baça que entrava pelo vitral emprestou alguma claridade ao local onde nos encontrávamos, nos degraus daquele grande salão.

– Homens, ao meu comando – falou Raul, com voz forte e firme – debandar, debandar! Estão dispensados!...

Aquelas almas penitentes se entreolharam e não compreenderam aquela ordem de comando, não sabiam como obedecer, nem para onde ir. Raul tentou mais duas vezes, o que os levou a se movimentarem sem direção definida; por fim permaneceram parados como autômatos.

– Vê, eminência, não há como dispensá-los. Sabem seguir minhas ordens, menos esta, por causa da total fidelidade.

– Pois bem, Raul, preste atenção ao que vou dizer – consegui falar com certa segurança. – Você sempre demonstrou fidelidade e confiança; assim você está, também, liberto de minhas ordens; portanto, não precisa mais ficar sob meu comando e determinação.

– Eminência!!! – espantou-se ele. – Também não sei fazer outra coisa, não precisa me dispensar. Só sei servi-lo com alegria – Raul se expressou com sinceridade e sentimento na voz, entrecortada pela surpresa com que se viu apanhado.

– Considere, Raul, que, apesar de todos esses anos de fidelidade, não vejo mais razão para mantê-lo comigo, aqui. Somos iguais. Até minhas vestes cardinalícias que eu modelara sobre aquelas outras estão rotas também.

– Vossa eminência poderá recompô-las de novo.

– Mas não quero, Raul. Estou saturado de tudo.

– Deixa-me ficar, eminência! – exclamou ele, em tom lamentoso que me sensibilizou.

– Você não é mais meu servo e o considero meu amigo, simplesmente meu amigo.

E aquele homem forte à minha frente não se conteve. Ajoelhou-se e me beijou as mãos, o que me fez recolhê-las, sem grosseria.

– Não faça isso, amigo! – pedi-lhe, ao reparar que chorava copiosamente.

O Cardeal

Nesse instante os asseclas de Raul se espantaram com alguma coisa e recuaram para uma região mais sombria, pois suave claridade, como tênue luar, vagarosamente foi invadindo aquele local. Aos poucos se condensou, tomou forma humana indistinta, de início. Raul olhava embevecido e eu, admirado. Densificou-se mais e, por fim, tornou-se completamente definida, natural. Entre emocionado e pleno de espanto, não me contive e exclamei:

– Abade!? É o senhor, aqui conosco?

Ele respondeu com a tranquilidade que o caracterizava:

– Sim, meu filho, sou eu mesmo e com muita alegria por revê-los.

– Mas o senhor também morreu?

– Não, Andréas, não morri. De há muito que oro, com fervor, por vocês e sempre tenho pedido ao Senhor da Vida que o alivie e o liberte de tantas dores. Quando você deixou a vida da Terra, percebi que, no ato de orar, eu me desligava do corpo e compreendi as afirmativas do apóstolo são Paulo a respeito do corpo corruptível e do corpo da ressurreição. Enquanto o meu corpo corruptível dormia, o outro, o ressurgido e imortal, se libertava temporariamente. Assim, meu filho, tenho o acompanhado sempre, mas você não me tem visto. Jamais o deixei, e hoje sua sensibilidade nos permitiu este reencontro. Estou aqui para ouvi-lo.

Envolvido por aquela irradiação de bondade, venci meu estupor e falei:

– Que bom vê-lo, abade! Eu necessito me confessar, mais como amigo do que como ato confessional. Não sei o que está havendo comigo, pois, embora conclua ser impossível, gostaria de morrer, agora mesmo, aniquilar-me definitivamente, tal o ponto de saturação de tudo a que cheguei. O que fazer? O que fazer?

Walace Fernando Neves

O abade olhou-me por alguns instantes com imensa piedade e parecia sondar o fundo de minha alma, e prosseguiu:

– Andréas, você sabe que o tenho como um filho do coração e, nessa condição, posso lhe falar com segurança. Aqui, neste instante, a hierarquia sacerdotal ou eclesiástica não tem significação, pois não venho na condição de seu velho tutor.

– Tem razão, abade, pode falar e ouvirei com interesse.

– Você, simplesmente, está cansado de ser o que não é e o que nunca foi; deixou-se levar pelas corredeiras da vingança, apesar de não possuir índole vingativa. Suas estruturas morais são outras, abaladas por indesejáveis acontecimentos.

– Mas, abade, fui alvo de torpe traição! Eles eram meus amigos!

– Na falemos em traição, mas sim em reciprocidade. Do mesmo modo que eles usurpavam os valores para espoliarem e enriquecerem, seguindo um pseudodireito acobertado pela política vigente, autoritária e absolutista do reino, pela qual os nobres se cingiram de todo o poder, você, meu filho, usou de sua autoridade e força eclesiástica, muito mais poderosa do que a do próprio rei.

– Entretanto, abade, quantas correções das injustiças eu pratiquei, utilizando-me dos códigos da santa inquisição, do tribunal do santo ofício, na qualidade de autoridade maior, para coibir os abusos daqueles três e de outros mais!?

– Tem razão, Andréas, tem razão. Ninguém jamais poderá negar esses valores inalienáveis. Contudo, amigo, pondere: apesar de lhe ter falado mais alto o senso de justiça ao se utilizar desses valores, que, perante Deus, beneficiaram e protegeram tantos indefesos, você priorizou a ação da mão forte sobre aquelas três almas. A sua forma de interferir não contemplou o sentimento de caridade cristã. Eles são parte

O Cardeal

de uma sociedade corrupta da nobreza que se locupleta dessa maneira. A nossa função como representantes oficiais da igreja, com seus cânones e bulas tendenciosas, não nos autoriza a agir diferentemente da singeleza do Evangelho de Jesus. A força sempre gera forças contrárias invisíveis e poderosas...

Enquanto ele falava com viva expressão, sem cerimônias, fiquei a meditar sobre sua autoridade moral, mas sempre amorosa e boa.

– Pois bem, meu filho – continuou –, compreendo que você teve frustrados todos os anseios construídos com alegria e amor; contudo, a humanidade não pode ser apenada por isso. Agora venham comigo; você também, Raul!

– Como, abade, para onde?

Atendemos àquele comando, e o abade se colocou entre mim e Raul, com os braços apoiados em nossos ombros, e disse:

– Agora pensemos firmemente na sala da casa do Aguillar, que vocês conhecem, e assim unidos nos transportaremos para lá. Preciso lhes mostrar algo muito importante.

10. Metamorfose

Cerrei os olhos quando a abade se colocou entre mim e Raul, com os braços sobre nossos ombros, e pensei na sala de estar da casa do Aguillar. Quanto tempo se passou? Quando ele retirou os braços de sobre nós, abri os olhos e não me foi possível registrar a duração do tempo. Não pude compreender como havia acontecido, uma vez que o fenômeno era desconhecido para mim, e estávamos os três na sala de Aguillar.

Recostada num divã adamascado, sua esposa, Maria Sanches, com expressão tranquila, bordava uma peça de tecido claro presa a um bastidor de madeira. À nossa chegada, parou seu trabalho como se estivesse a meditar. Um breve ranger de portas, não percebido por ela, indicou que alguém havia chegado.

Olhamos à entrada e vimos Aguillar, que se apoiou no portal de entrada da sala para observá-la em silêncio.

Walace Fernando Neves

– Prestem atenção e poderão perceber seus pensamentos – esclareceu o abade. – Vocês não terão dificuldades para isso.

Ato contínuo, o meu querido amigo colocou uma das mãos na minha fronte e a outra na cabeça de Aguillar e, quase de imediato, pude perceber, nitidamente:

"Tenho sido muito displicente com a vida familiar. Ela é tão bonita e há tempos que não reparava em sua beleza. É prendada, dedicada ao lar, tem tudo a tempo e a hora, diferente de outras que conhecemos e não sabem usar um alfinete. E o que tenho feito? Nada mais do que deixá-la ao abandono, trocando-a pelas noitadas alegres com meus amigos. Bela troca! Isso não está correto. Ela tem razão por estar tão zangada.

"Nosso casamento foi por conveniência social e familiar, mas sempre tivemos admiração um pelo outro e sei que gosto dela e ela de mim. Concentrei-me tanto nos problemas mais imediatos que me esqueci disso. Nosso casamento não pode ser desfeito, mas, se continuar, vou perdê-la de vez, dento de minha própria casa. Meu Deus, meu Deus! Isto não pode continuar... Tudo por causa daquela loucura que fizemos. É imperdoável um ato de traição, principalmente com um amigo como o Cardeal Andréas..."

Ao registrar meu nome, surpreso me virei, desligando-me do fenômeno mental, para encará-lo de frente e, ainda mais surpreso observei que seus olhos estavam mareados pela emoção daquele momento.

– Vejam vocês – complementou o abade – como ele se comporta sem as influências dos vigilantes, que, por ordem superior, foram retirados. Há pensamentos nobres em seu coração e foi assim que você o conheceu, Andréas, lembra-se? Agora, prestemos atenção à sua esposa, que, profundamente imersa em suas reflexões, ainda não percebeu a chegada do marido.

O Cardeal

Maria Sanchez segurava o bastidor de madeira e parou no ar a mão que sustinha uma agulha para refletir. Com a presença do abade pareceu-me a percepção mais nítida:

"Tenho estado enraivecida com meu marido, e sei que tenho razão. Sempre fui muito fútil na corte e na vida social, mas o casamento me modificou bastante... Ele me deixa aqui sozinha, abandonada, mas o que tenho oferecido?... De certa forma, eu o tenho abandonado, mas gosto muito dele, sempre gostei. São aqueles amigos, tenho certeza... Ele era alegre, jovial e agora está sisudo, sério, de pouca conversa. Talvez a culpa seja minha, tenho sido muito exigente... Preciso mudar de atitude; senão, vou perdê-lo de vez... Não procurei compreendê-lo ou me interessar por suas preocupações. Algo o está acabrunhando. Vou ajudá-lo! Mas como? Já sei: devo primeiro acabar com as futilidades e os mimos que sempre me foram oferecidos, e que aceitei, depois buscarei a conversa amiga. Tenho que me transformar em esposa verdadeira."

Maria olhava para o bordado sem fixá-lo, com o olhar perdido, o que não passou despercebido a Aguillar, que, ao vê-la naquele estado, achou-a ainda mais bonita, imaginando-a como uma escultura grega. Em dado momento, ela pressentiu que estava sendo observada, virou-se para o lado da entrada e, ao ver Aguillar ali postado, sorriu e disse sem qualquer azedume, como de outras vezes:

– Não percebi a sua chegada, você está aí há muito tempo?

– Sim, estava a observá-la – respondeu surpreso pela forma com que foi recebido sem qualquer admoestação ou contrariedade –, coisa que não faço há bastante tempo. Peço-lhe desculpas. Vejo que você estava a sorrir?

– Melhoras no meu humor. Estou a encarar a vida com bons olhos; afinal, do que tenho a reclamar?

Ele sorriu também, e estranhou a si mesmo, e respondeu:

– Gostaria de estar assim como você, com um sorriso nos lábios que vejo ser sincero, com rosto iluminado. Não tenho motivos para estar assim; ao contrário...

– Então, meu marido, precisamos conversar, se você quiser. Comigo você pode dividir suas preocupações, que saberei compreender. Assim poderei falar das minhas, se você desejar ouvir. O que você acha?

– Sim, Maria, temos silenciado em demasia.

– O que terá havido? Éramos tão falantes!

– Você está coberta de razão, Maria, não nos temos falado, mas a culpa recai sobre mim.

– Não é somente sua, querido. De forma egoística deixei-o mergulhado em seus problemas. Tentarei ser melhor, aceite minhas desculpas. Agora venha, sente-se ao meu lado.

Aguillar atendeu-a, caminhou e sentou-se ao lado da esposa no divã e apoiou a cabeça nas mãos. E ela prosseguiu:

– Você tem estado muito acabrunhado, triste. Lembre-se de que, além de esposa, sou sua amiga. Sempre fui. Fale, sou toda ouvidos – acrescentou, tomando-lhe a cabeça entre as mão delicadas ao olhar fixo em seus olhos.

– Não sei, Maria, se na verdade vale a pena saturá-la com isso, pois o que carrego comigo tem peso excessivo.

– Fale, tentarei compreendê-lo, isso eu prometo. É a respeito do cardeal Andréas, não é?

– Como você sabe disso, Maria?

– Não foi difícil deduzir. Sempre acompanhei a grande amizade entre vocês quatro. Depois percebi certo estremecimento, principalmente quando ele se tornou cardeal. Em seguida, após aquela doença e morte tão estranhas, vocês mudaram de atitude e somente você eu senti abalado. Villena

O Cardeal

e Palmas eram seus amigos, mas nunca tiveram escrúpulos. E você não pode negar isso.

– Tem razão, Maria, tem razão!

– Você sempre foi mais sensível que os outros, por ser diferente.

– Obrigado, sua palavras me consolam, mas não sei se você suportaria o que me acabrunha.

– Não fizemos o juramento diante do altar, de estarmos unidos na alegria e na dor? – esclareceu ela, com ênfase na voz. – Repito, quero ser sua esposa e não apenas a criatura com a qual você se casou.

– Pois bem, então ouça e tome a decisão que bem desejar, e eu a acatarei.

Aguillar, com a voz entrecortada, contou tudo, abriu seu coração para a esposa, sem omitir o mínimo detalhe.

Enquanto isso, o abade, ali ao lado, atento a tudo, falou:

– Observe, Andréas, como é o coração de Aguillar, quantos valores ocultos...

– Sim, abade, mas ele também roubou a minha vida!

– Que vida ele lhe roubou, Andréas? Não lhe peço que o perdoe, pois sei que sua revolta é pertinente; contudo, tanto ele quanto os outros amigos jamais roubaram ou roubarão sua vida. Você está vivo e íntegro, embora carregue a dor da frustração que, se você está bem lembrado não começou com eles três. Concorda, meu amigo? Não estou a fazer defesa do crime cometido, mas você vive e, mais dia menos dia, eles terão que se ajustar com a verdadeira justiça que se coloca muito acima da do santo ofício, da santa inquisição, que muito favoreceu a você julgar, decidir e condenar em nome de Deus; na realidade em nome dos interesses da igreja, porque Deus é Pai e Misericordioso, tão misericordioso que me permitiu a alegria de estar aqui com vocês, por alguns momentos, tão importantes para as nossas vidas, talvez o mais importante de nossas existências. Peço-lhe apenas o compadecimento. Isso tudo ele carregará como culpa para o resto de sua vida com profundo arrependimento. Veja, meu amigo, com o carinho da esposa a sua *mea culpa*. Isto não o sensibiliza?

– Para ser honesto, de todos, ele foi o mais amigo.

– Então, o que custa experimentar um pouco da piedade que você possui? – e acrescentou: – Observemos mais um tanto, vamos acompanhá-los.

Aguillar terminou a narrativa sem condições de articular mais uma palavra. Maria Sanchez, em silêncio, deixou que corressem duas lágrimas pelos cantos dos olhos, percebidas por Aguillar.

– Por que você chora, Maria?

– Choro, Aguillar, por ver sua dor, não o seu ato, pois aprendi com o abade que somente Deus pode julgar. Choro pelo peso que você tem carregado, mas fico feliz por dividi-lo comigo. Poderemos carregá-lo juntos e seguirmos em frente.

Enquanto Maria se expressava com sincera emoção, tênue e delicada mão pousava sobre seu peito, sobre o coração. Que mão angelical seria aquela? Meus pensamentos foram interrompidos pela voz de Maria Sanchez, que prosseguiu:

– Agora, Aguillar, são muitas as emoções para uma só vez. Já é tarde, vamos descansar, pois tenho certeza de que amanhã será um novo dia em nossas vidas.

– Sinto cheiro de chá das Índias, Maria...

– Eu o fiz, sabendo o quanto você o aprecia. Tomemos juntos e depois vamos dormir. Agora, mais do que nunca, somos um.

O Cardeal

Logo depois, Aguillar e a esposa se retiraram para os aposentos superiores da casa, destinados ao repouso noturno, abraçados pela cintura, com ela a apoiar a cabeça no ombro do marido. Apagaram o candelabro da sala e levaram consigo o castiçal. Imaginei que a sala fosse ficar às escuras; no entanto suave claridade semelhante ao luar permaneceu no ambiente, originada de um foco um pouco mais intenso ao centro.

Para minha surpresa, Raul, ao nosso lado, chorava copiosamente. Não foi necessário perguntar a ele porque chorava. Reascendia a sensibilidade daquela alma que, por defesa e sobrevivência, se endurecera após tantas perdas pela vida.

O abade permaneceu em silêncio por alguns segundos e, enquanto o casal se retirava para o repouso noturno, olhou nos meus olhos, como se lesse minha mente.

– Andréas, meu filho – expressou-se ele de forma quase solene –, hoje é um dia de muita significação para todos nós. Não lhe pedirei para perdoar; entretanto, peço-lhe compaixão para com um velho amigo que, como qualquer um, cometeu erros, mas que hoje, como você viu, sofre verdadeiro inferno na alma e tenta se penitenciar, com honestidade. A justiça que você exige já está se fazendo e ela não pode ser aplicada em dobro.

O abade fez pequena pausa e continuou:

– Você observou a sinceridade das palavras Aguillar com a esposa, viu e constatou a compreensão e o sentimento de piedade de Maria Sanches para com o esposo, aceitando-o como é. Se fosse outra, talvez, já o tivesse repudiado.

Reflita, meu amigo, e veja-o com outros olhos, aqueles que sua revolta impede de ver. Compreenda que você também é partícipe de toda a trama. Ouça: ofereça a ele a oportunidade de redenção, que também é sua.

— O que fazer, abade, para aplacar essa dor e esse conflito: de um lado, a revolta e, do outro, as lembranças boas da velha amizade jogada ao chão?

— Nada, por enquanto, amigo, pois o seu conflito me diz que você, em absoluto, não deseja a vingança. As luzes do amor que sempre acalentaram seu coração já se libertam. Vamos orar juntos, converse com Deus e se deixe embalar pelas asas leves da prece.

Com muito custo, eu continha a emoção, motivada não somente pelo desenrolar dos acontecimentos, mas, também, por uma indefinível aura de paz, envolvente e profunda que parecia emergir daquela forma luminosa onde, aos poucos, um contorno humano foi-se definindo e se corporificando. Por fim!... Não pude resistir. À minha frente, Bernadete perfeita, bela como sempre!

Quais os limites do sentimento? E os limites da emoção? Chorei convulsivamente como uma criança desamparada e perdida.

Agora podia entender o porquê de minhas recordações tão felizes. Era Bernadete, ali, tão próxima a mim... Não me contive, lancei-me para ela num abraço de profunda emoção. Ela delicadamente acomodou minha cabeça em seu colo, com imensa ternura e deixei-me conduzir para o divã.

11. Uma Luz no meu Caminho

Ela acariciou-me o rosto e segurou meu queixo, fazendo-me olhá-la nos olhos. Sorriu serena e tranquila e, por fim, falou, uma vez que eu não conseguia articular qualquer palavra:

– Não chore, meu querido, estou aqui, sempre estive e somente hoje você possibilitou esta aproximação. Não chore mais!

Acalmei-me, então, com a limpidez daqueles olhos que eu conhecia tanto, aquietei-me para poder falar:

– Que saudade, Bernadete, quanta saudade!

– Eu sei, meu amado; foi assim que me senti, também.

– Veja, querida, o mal que nos fizeram com esse afastamento tão prolongado em nossas vidas.

– Aproveitemos o momento e não nos apeguemos a nada que nos faça sofrer.

– Mas somos vítimas – exclamei com uma acentuação de revolta –, eu e você!

– Sim, amado meu, você tem razão, mas pense com isenção: que vítimas nós somos? Estamos vivos e íntegros, os sentimentos que nutrimos um pelo outro jamais se estiolarão; nem a morte conseguiu destruí-los, pois nosso amor é eterno. É hora de esquecer o que passou, de trabalhar o presente por nossa recomposição espiritual e preparar o futuro de nossas vidas para a eternidade!...

– E quando você se for, novamente, Bernadete? Irei perdê-la de novo. Carrego comigo culpas atrozes, irreparáveis e sinto que você já alcançou o reino da glória.

– Não pense assim, Andréas – prosseguiu ela com firmeza. – Há como reparar e prosseguir indefinidamente. É necessário, antes de tudo, vontade forte e propósitos sinceros para reconstruir e refazer os caminhos perdidos, pois nenhum sentimento nobre, nenhum amor se compatibiliza com os restos de nossos desacertos. Somos vítimas, é certo, mas não importam os algozes, se a reconstrução é, somente, de nossa competência. Eles são vítimas de si mesmos e a reparação é muito mais penosa e mais difícil; carregarão consigo algozes muito mais pesados, uma vez que já estão alojados na própria consciência, e essa é inseparável. Somos passíveis de libertação, uma vez que fomos vítimas.

– Como alcançar este entendimento, querida? – perguntei, ao me refazer um pouco mais.

– Como vítimas, não nos devemos tornar perseguidores em nome de uma justiça que não nos é devida. Não poderemos ser felizes com amarras e tormentos voluntários recriados e alimentados indefinidamente, os quais se tornarão

O Cardeal

o centro de nossos interesses. Dois sentimentos antagônicos não podem coabitar.

– E como é possível alcançar isso, Bernadete?

– Voltando pelos caminhos percorridos, contudo, sob novas perspectivas, novos propósitos e com a consciência mais ampliada.

– E a minha vida eclesiástica, como adequá-la?

– Ela será, por algum tempo, a porta estreita de que falou Jesus, a chave que há de corrigir os desvios de rota, uma vez que foi por essa porta que os desenganos se materializaram como entulhos que as tormentas deixam nas estradas. É necessário removê-los com esperança e fé, humildade e disciplina, confiança e trabalho.

– Não sei se estarei à altura – respondi titubeante. – Parece-me muito difícil...

– Lembro-me, agora, de um dos seus sermões sobre a parábola do filho pródigo. Não foi difícil a ele retornar ao convívio carinhoso do pai, a partir do momento em que, honestamente, reconheceu os seus descaminhos, fruto da ignorância. Uma nova luz brilhou no seu coração e, valentemente, decidiu fazer o caminho de volta.

– Quero, então, reparar. Reconheço que me é impossível prosseguir sem você.

– Não receie voltar ao mundo, pois você não estará sozinho nem desamparado.

– Você irá comigo, querida, para juntos reconstruirmos nossas vidas?

– A minha presença na Terra seria um estorvo para o programa de suas realizações. Isto em nada contribuiria. A bondade divina me permitiu permanecer renteando seus passos. Você registrará minha presença e meu carinho.

– Prometa-me, Bernadete. Isso me traz consolo e muito alento.

Deixei-me envolver pelos carinhos de Bernadete a me afagar os cabelos e o rosto. Sentia-me feliz depois de carregar amarguras por tanto tempo.

Raul olhava tudo com visível emoção e, quando Bernadete lhe dirigiu o olhar, ele abaixou a cabeça, ajoelhou-se à sua frente e pediu perdão pelas dores que lhe havia causado.

– Raul Gonzáles, meu amigo...

– Amigo!? – respondeu ele com certo espanto na voz – Como me chama de amigo?

– Sim, meu amigo, você foi o único que, por fidelidade, dedicação e verdadeira amizade esteve permanentemente ao lado do meu Andréas – acrescentou ela, estendendo as mãos para segurar-lhe a cabeça, e, ao fazê-lo, aproximou-o de si para abraçá-lo, abraçando-nos os dois, simultaneamente, com a mesma ternura.

– Raul, você é meu amigo!

Após segundos de silêncio, orou. Sua voz era um misto de poesia e de clamor a Deus pela bênção daquele momento. Então, percebi leve torpor a invadir todo o meu ser.

Tinha consciência de que não havia condições de perdoar ou me reconciliar com meus adversários, pelo menos naquele momento, mas desejava, ardentemente, esquecer tudo, uma vez que tudo me pesava na alma.

Sob o influxo amoroso de Bernadete, ouvi, como vindo de muito longe, um som delicado de flauta dos pastores da minha infância, e a voz daquele anjo tutelar, entoando terna melodia trouxe alívio ao mais fundo do meu ser:

O Cardeal

Amado meu, esquece a dor
E as sombras do mundo,
Esquece do passado
As marcas tenebrosas,
A escuridão
Das noites de tempestades
E o mar encapelado
Na força do oceano.

Liberta a ave aprisionada.

Embora presa ao chão
É livre a flor silvestre
Que no campo desabrocha
Para colorir, para perfumar
E dançar ao vento;
Escuta a sua voz
Em paz no arvoredo
E veja o véu da noite,
Em pérolas de luz,
A acender estrelas.

De dia o céu tranquilo
Ao sol da primavera,
A borboleta feliz
Pousando em cada flor.
E o esplendor,
O esplendor da vida
Seguindo os passos teus
Descansa, agora,
Na paz que vem de Deus.

Walace Fernando Neves

Aos poucos aquela voz se foi distanciando, tornando-se quase um sussurro. Perdi a consciência de tudo e adormeci profundamente.

12. Ao Futuro

O tempo passou, não sei quanto. Veloz como o mergulho do falcão, asas em delta, à caça da presa incauta? Lento como as nuvens sob o influxo da viração de uma tarde de verão? Não sei... Não sei...

Na fazenda, alguns homens lidavam com o pastoreio do gado, outros cuidavam da lavoura, outros mais do pomar. As vozes das mulheres se espalhavam no ar, cantarolando uma cantiga rural e, na casa senhoril, havia um clima de paz.

Maria Sanches, recostada no balanço, dirigiu-se ao esposo:
– Aguillar – falou com expressão sonhadora –, sabe que gosto muito deste alpendre sempre enfeitado por estas trepadeiras floridas?
– Sei, sim, pois vejo que você permanece aqui todo o tempo disponível – respondeu Aguillar com um sorriso no rosto.

– Aqui faço meus bordados, vejo o entardecer com o sol caindo atrás das montanhas, a campina ao longe; espero com ansiedade o desabrochar da primavera a cada ano, e também penso na vida...

– Parece que conquistamos alguma paz, Maria, mas ainda carrego mudas lembranças desoladoras.

– É impossível extirpá-las, meu querido, mas as cicatrizes, muito mais do que marcas de feridas dolorosas, representam a conquista do esforço por curá-las. São vitórias alcançadas – respondeu sabiamente a companheira.

– Somos felizes e devo isso a você. Aliás, devo tudo.

– Engana-se, Aguillar. Simplesmente agi como companheira, esposa e amiga incondicional. Dei-lhe apoio e compreensão e você me deu compreensão e apoio.

Aguillar novamente sorriu e acrescentou:

– Nestes cinco anos de convivência, parece que vivemos toda uma vida. Temos e vivenciamos um lar muito bom.

Neste instante, algumas crianças chegaram correndo, agitadas e com os rostos afogueados pelas brincadeiras próprias da idade: algumas, filhas do casal, e outras, filhas de camponeses da fazenda. Comeram algumas frutas, tomaram sucos e voltaram às brincadeiras; todavia, dois deles, filhos do casal, se lançaram ao colo de Maria Sanches e de Aguillar. Trocaram carinhos com os pais e saíram correndo para o campo com as outras crianças.

– Nossos filhos não são lindos, Maria?

– São, Aguillar, e não os há mais bonitos do que os nossos Raul e Andréas...

13. Conclusão

Voltei aos cenários da terra vezes sem conta.

Sob a pompa das vestimentas clericais, ostentadoras do poder e da condução das almas, mantive as vivências nas diversas classes sacerdotais, mas, sobremaneira, naquelas ordens de maior destaque.

Dispondo quase sempre do báculo, da mitra e das vestes cardinalícias, perambulei pelo santo ofício, estacionei nas hostes dos dominicanos, caminhei pelas cruzadas, prossegui junto à Companhia de Jesus, mas não nos caminhos trilhados pelos franciscanos. Algumas vezes revesti-me da forma secular, estimuladora da humildade na relação mais amiúde com o povo.

Aquela arrogância e autoridade conseguidas nos velhos tempos na península Hispânica me acompanharam pelos séculos, a aprisionarem as dores oriundas do egoísmo e da vaidade. Tornaram-se necessários quase nove séculos para que o barco de minhas existências aportasse no ancoradouro simples, sem atavios da casa espírita, como indigente espiritual, mas ao abrigo das tormentas do mar aberto, do oceano encapelado por onde eu teimava navegar, mesmo me reconhecendo espírito eterno, na erraticidade.

Aqui, sob as claridades de Clara de Assis, muito mais santa pelos dotes espirituais do que pelo título imposto pela igreja, pude encontrar a mim mesmo, aquele que eu havia perdido nos finais do século 15 e, ainda sob o pejo de pesados arrependimentos, encontro minha redenção nas trilhas que conduzem à esperança.

Na noite dos tempos abrem-se rasgões de luar no céu outrora sempre nublado para que, no caminho estreito oferecido por Jesus, eu possa caminhar, com segurança.

Neste pouso de paz e de trabalho cristão, para a minha alegria, reencontrei almas de meu passado sob a bênção do esquecimento reencarnatório que compartilharam comigo, de alguma forma, momentos de solidariedade.

Assim, amigos, ao conservar o mesmo título honorífico das hostes eclesiásticas para a minha identificação, não o faço por tola vaidade, mas para manter acesa a necessidade profunda de permanecer desperto e atento ante as gloríolas do mundo, a fim de não cair em novas tentações.

E um dia, mais além, hei de dizer feliz:

– Senhor, aqui estou para servir, mas de coração liberto!

O Cardeal

O Cardeal

Na reunião mediúnica o espírito Bernadete, personagem da narrativa, trouxe flores para o cardeal e, por psicofonia, através da médium – também Bernadete –, falou de sua emoção naquele momento. Esse espírito apresentava-se muito luminoso à percepção da médium.

Ao findar da reunião o cardeal escreveu:

"Hoje com a alma já distante dos quadros visualizados, com muita dor, por minhas narrativas permitidas pelos anjos tutelares e amorosos desta Casa de amor que me acolheu como um irmão em Cristo, apesar de minha condição de mendigo espiritual, recebo, com lágrimas nos olhos, as flores luminosas a me orvalharem a alma, com imensa gratidão a Deus. Agradeço, também, as luzes daquela reconhecida santa, com uma santidade mais autêntica do que aquela determinada pela igreja à qual servi, e as estrelas luminosas, que se derramam do coração amoroso de Clara, a santa Clara de Assis, que eu amo."

O Cardeal

Esta edição foi impressa pela Assahi Gráfica e Editora Ltda., São Bernardo do Campo, SP, sendo tiradas seis mil cópias, todas em formato fechado de 155x225 mm e com mancha de 115x175 mm. Os papéis utilizados foram o Off-set 75 g/m^2 para o miolo e o Cartão Supremo 300 g/m^2 para a capa. O texto principal foi composto em Berkeley LT 12/16 e os títulos em Editor Cndn 24/28,8. A revisão do texto foi feita por Kátia Leiroz Teixeira e a programação visual de capa foi elaborada por César França de Oliveira.